A ARTE DO RECOMEÇO

SUSAN KAHN

A ARTE DO RECOMEÇO

como ser resiliente no trabalho e visualizar novas perspectivas

TRADUÇÃO
UBK Publishing House

ubook

Publicado mediante acordo com Kogan Page. Edição original do livro *Bounce back: How to fail fast and be resilient at work*, publicada por Kogan Page.

ubook UbK
Publishing House

COPIDESQUE	Lohaine Vimercate
REVISÃO	Adriana Fidalgo e Clarissa França
PROJETO GRÁFICO E ADAPTAÇÃO DA CAPA	Bruno Santos
IMAGEM DE CAPA	Shutter2U/Adobe Stock
DIAGRAMAÇÃO	Abreu's System

Dados Internacionais de Catalogação na Publicação (CIP)
(Câmara Brasileira do Livro, SP, Brasil)

Kahn, Susan
A arte do recomeço: como ser resiliente no trabalho e visualizar novas perspectivas / Susan Kahn; tradução UBK Publishing House. – 1. ed. – Rio de Janeiro: Ubook Editora, 2020.

Título original: Bounce Back: how to fail fast and be resilient at work
ISBN 978-65-87549-69-9

1. Administração 2. Desenvolvimento pessoal 3. Desenvolvimento profissional 4. Psicologia do trabalho 5. Resiliência (Traço de personalidade) 6. Sucesso I. Título.

20-41020 CDD-658.406

Ubook Editora S.A
Av. das Américas, 500, Bloco 12, Salas 303/304,
Barra da Tijuca, Rio de Janeiro/RJ.
Cep.: 22.640-100
Tel.: (21) 3570-8150

Para todos que se sentem vulneráveis no trabalho:
vocês podem se recuperar

Sumário

Sobre a autora

Susan Kahn é psicóloga de negócios, *coach*, conferencista, consultora e mediadora. Profissional em constante aprendizado, é diretora do Programa de Pós-Graduação em Coaching na Birkbeck, Universidade de Londres. Susan é membro-fundadora da Faculdade de Negócios da The School of Life, na qual ensina sobre a importância da inteligência emocional no local de trabalho. No papel de *coach*, ajuda executivos de diversos setores a terem um desempenho autêntico e eficaz.

Além disso, aplica seus conhecimentos em trabalhos com equinos e já atuou como consultora para a BBC. É conferencista internacional e membro da Sociedade Internacional para o Estudo Psicanalítico das Organizações (IPSO). Susan também trabalha como consultora de relações em equipe. Nessa função, explora e examina dinâmicas de grupo, em especial as que lidam com questões inconscientes.

Preâmbulo

Este é um livro oportuno e relevante. O mundo do trabalho passa por mudanças rápidas, muitas delas emocionantes e cheias de potencial. A capacidade de transformação e adaptação às necessidades dos clientes e dos stakeholders é desafiadora e energizante. Mas há também o medo de experimentar coisas novas, de falhar, até mesmo de aprender. É importante reconhecer que, não importa qual seja seu papel no trabalho, você enfrentará dificuldades e inseguranças, mas também terá a chance de desenvolver coragem e força para lidar com o inesperado. A resiliência é uma qualidade vital no mercado. Para aqueles que sentem que a vida não fica mais fácil ou mais complacente, este livro ajuda a navegar pelo impacto do fracasso, da adversidade e da mudança. Também traz ferramentas para florescer no trabalho, para explorar a relação com o fracasso, caminhar além da superfície e examinar os obstáculos.

Ser capaz de construir e usar a resiliência não é domínio daqueles com alguma habilidade inata. Nestas páginas você encontrará inúmeros conselhos e muitos exemplos esclarecedores de como pode cultivar esse potencial, bem como construir reservas nas quais se apoiar. Quer seja um líder ou um seguidor, em tempos de perturbação ou estabilidade, ao sentir a perda ou ao desenvolver novos produtos, relacionamentos e equipes, você será desafiado e poderá se sentir vulnerável. Como Susan observa: o trabalho está cheio de momentos de satisfação, desafio e recompensa. Pode oferecer apoio, amizade, compreensão, aprendizagem e desenvolvimento, mas também pode ser um lugar com o qual não nos identificamos, onde questionamos nossa capacidade de enfrentar desafios e onde podemos nos sentir inadequados, machucados e esgotados.

A resiliência é, portanto, essencial para as relações profissionais, pois auxilia a entender o fracasso, responder a ele com agilidade e construir uma capacidade de recuperação. A maior inovação desta obra, no entanto, é conceituar a colossal capacidade positiva e prospectiva desencadeada pela confiança advinda da resiliência. A leitura ensina a lidar com situações que vão desde os desafios operacionais, até a tomada de decisões que requerem contra-argumentação. Adentramos o mundo dos negócios desde a porta da contestação de ideias ultrapassadas passando pela gestão avassaladora da tecnologia, até assumirmos a cadeira da inovação e do protagonismo, quando estamos preparados para liderar mudanças e assumir a responsabilidade pelos grandes chamados.

Um dos mantras dos quais tenho me beneficiado nos negócios é a seguinte pergunta: "O que você faria se não tivesse medo?" Esse é um grito para desafiar a ortodoxia. Nunca diga que não pode fazer algo, ou que algo parece impossível, por mais desencorajador ou doloroso que possa ser. É a mente que nos retém; nesse particular, a resiliência ajuda a mapear a realidade. Com essa clareza, é tão possível enfrentar o futuro com empolgação e energia quanto romper qualquer possível limitação autoimposta.

Além do mais, aumentam as oportunidades que o poder da mente liberada consegue criar. Este livro terá um profundo impacto sobre aqueles que o lerem e levarem sua mensagem a sério, não apenas no sentido de conseguirem tolerar situações, mas de florescer; não só em termos de administrar riscos, mas também de soltar a criatividade. O profissional do futuro precisa reconhecer que, se fizer o que sempre fez, obterá os resultados de sempre. Então, nesta obra, poderá se equipar com as ferramentas necessárias para assumir papéis de liderança na economia moderna.

Nicola Mendelsohn
Vice-presidente do Facebook na Europa, Oriente Médio e África
Comendadora da Ordem do Império Britânico

Agradecimentos

Para aqueles que me ajudaram a me recuperar tantas vezes, obrigada.

Minha tribo: Neville, Victoria, Oliver, Charlie e Sam — eu levaria um tiro por vocês.

Meus leitores críticos: Rene Anisfeld, Rachel Ellison, Samuel Kahn, Suzanne Ellis-Ferera, Charles Kahn, Neville Kahn, Victoria Tenzer, Oliver Tenzer, Anna Levy, Jeremy Newman.

Pelo anel de resiliência e pelo apoio constante, agradeço à minha irmã Judi Newman.

Dr. Andreas Liefooghe, colegas e alunos da Birkbeck, Universidade de Londres, e da School of Life, a quem ensino, mas com quem aprendo tanto. E aqueles que me dão espaço para pensar, aos quais recorro para receber orientação e sabedoria: a dra. Sharon Numa e o dr. Anton Obholzer. Gostaria de agradecer à Rebecca Bush, da Kogan Page, pela ideia do livro, pelo apoio constante e pelos *insights*.

Lista de exercícios

Introdução

Capítulo 1

Capítulo 2

Capítulo 3

Capítulo 4

Capítulo 5

Capítulo 6

Capítulo 7

Capítulo 8

Introdução

O trabalho está cheio de momentos de satisfação, desafio e recompensa. Pode oferecer apoio, amizade, compreensão, aprendizagem e desenvolvimento, mas também pode ser um lugar com o qual não nos identificamos, onde questionamos nossa capacidade de enfrentar desafios e onde podemos nos sentir inadequados, machucados e esgotados. A resiliência é, portanto, essencial para as relações profissionais, pois auxilia a entender o fracasso, responder a ele com agilidade e construir uma capacidade de recuperação.

A resiliência pode ser compreendida de muitas maneiras. Há a imagem da resiliência de uma árvore, que pode dobrar-se um pouco na tempestade; pode mover-se com os ventos e voltar à posição vertical, quando a tempestade termina. Na ciência, a resiliência é identificada como a capacidade de um material retornar ao estado original, depois de ter sido esticado ou dobrado.

Há também muitas manifestações físicas, emocionais e psicológicas de resiliência. É um conceito que pode ser aplicado à resposta de uma nação a um desastre natural; à aptidão de uma organização para lidar com a fusão à competência de uma equipe para lidar com a morte de seu líder; ou talvez ao indivíduo que começou um novo trabalho longe de colegas de confiança, ou que foi capaz de lidar com os pais doentes e com a ruptura do casamento, sem parar de trabalhar.

O que une todas essas diferentes expressões de resiliência é a capacidade de adaptação às circunstâncias. No sentido darwinista, sobrevivência não é necessariamente a preservação do indivíduo mais forte ou mais inteligente da espécie; é a preservação das espécies que podem se ajustar e modificar. Este tema é importante para mim, tanto em nível pessoal como profissional.

Quando criança, eu era incrivelmente tímida e envergonhada. Se alguém olhasse para mim, nem precisava falar comigo, eu corava de raiva e me odiava por não ser capaz de manter a calma e a confiança. Ficava desesperada para agradar e insuportavelmente consciente de mim mesma. Ao longo dos anos, aprendi a observar pessoas e relacionamentos, bem como a desenvolver capacidade para lidar com as dificuldades. Procurei ajuda e juntei tantos amigos e conselheiros de confiança, que me tornei competente em fazer coisas inimagináveis para mim durante a juventude. Agora presto consultoria, dou palestras, faço treinamentos e mediações com segurança, mas sempre consciente do potencial vulnerabilidade em mim e no outro.

Continuo falhando e minha resiliência é testada de tempos em tempos — mas me recupero. A mensagem deste livro é que resiliência não é algo com que se nasce, não é um mero traço de personalidade. Existe, sim, a resiliência natural, mas também é possível desenvolvê-la. Ninguém consegue evitar desafios, dores e dificuldades, na vida e no trabalho. Mas podemos fortalecer a habilidade de lidar com adversidades, perdas e mudanças.

RESILIÊNCIA NO TRABALHO

Podemos ser solicitados a trabalhar mais horas ou a utilizar novas tecnologias. Talvez tenhamos de adaptar a prática para nos adequarmos à nova legislação, ou talvez seja pedido que trabalhemos fora do país. Podemos enfrentar um *feedback* desafiador ou crítico, como também trabalhar com pessoas difíceis. Além da falta de recursos, talvez tenhamos que agir com mais flexibilidade e rapidez.

É possível, ainda, que precisemos administrar excessos. Mesmo assim, num estado resiliente, podemos encarar esses desafios com vigor e entusiasmo. Podemos permanecer positivos e fortes, com recuperações rápidas após quedas ocasionais. Contudo, é mais provável que, em algum momento, a confiança seja corroída pelos obstáculos e mudanças que enfrentamos. Sendo assim, podemos nos sentir mais sensíveis e menos robustos que o habitual.

Pense na expressão *a gota d'água*. Mesmo um recipiente largo e profundo transbordará em algum momento, se receber um gotejar contínuo, durante um longo período. Essa imagem indica que todos podemos transbordar, quando enfrentamos uma série de irritações, intermitências, desapontamentos e perturbações. Somos todos suscetíveis à perda da resiliência algumas vezes e podemos nos sentir como potes cheios.

POR QUE SE RECUPERAR?

O título deste livro é extraído da palavra latina *resilio*, que significa "retornar à origem". Por conseguinte, remete à capacidade de lidar com situações difíceis e de se recuperar, de voltar ao bom caminho. É impossível passar pela vida sem desafios, decepções e traumas, que precisamos superar para seguir adiante. Resiliência não é esquecer as dificuldades nem ignorar o desafio das adversidades, mas saber que essas experiências causam mudanças e impactos em nossa identidade emocional. Deste modo, afetam nosso mecanismo de resposta em crises futuras.

Além disso, a resiliência expande o pensamento em tempos de dificuldade e permite considerar as respostas comportamentais e emocionais, apesar dos desafios que enfrentamos. Em outras palavras, aprendemos a lidar com situações desafiadoras de forma construtiva e criativa. Com essa habilidade desenvolvida, podemos transformar desafios em oportunidades, aprender com a adversidade e desenvolver estratégias para garantir que as consequências físicas e mentais sejam manejáveis. Imagine o brinquedo joão-bobo: não importa quantas vezes seja derrubado, sempre volta a se levantar — com um sorriso no rosto. Como seria notável se pudéssemos desenvolver tal traquejo diante dos golpes inevitáveis que sofremos, tanto no trabalho, quanto na vida pessoal.

Este livro foi escrito para ajudá-lo a se recuperar, para oferecer a resistência necessária frente aos inescapáveis fracassos, golpes e desapontamentos que nos acompanham — por mais idílica que a vida pareça para quem a vê de fora.

A resiliência pode ajudar não só a sobreviver no trabalho, mas também a florescer e a nos desenvolver. Pode ajudar a transformar experiências difíceis e desafiadoras em aprendizagem para que a flexibilidade e a compreensão cresçam.

Quando você se depara com a adversidade é compreensível que se sinta angustiado ou irritado, mas as pessoas resilientes parecem capazes de continuar funcionando, física e psicologicamente, mesmo nessas condições. Onde quer que trabalhemos, em qualquer função, todos temos o poder de nos tornar mais resistentes, de mudar o modo de pensar e a resposta ao fracasso.

Teremos contratempos, seremos desafiados, ficaremos desapontados, mas, com o proveito da nossa força interior, podemos nos recuperar. A resiliência não é binária — não é algo que você tem ou não tem. Pode ser desenvolvida, melhorada e refinada. Acredito que cada um tem a capacidade para desenvolver a própria resiliência. E meu objetivo aqui é ajudar você a realizar este propósito.

COMO USAR ESTE LIVRO

A arte do recomeço examina a resiliência a partir de vários ângulos. Cada capítulo é único e pode ser lido e aplicado tópico a tópico. No entanto, se você lê-lo de capa a capa, terá os blocos para construção de um caminho até a resiliência — do seu mundo interno ao seu mundo externo, como um seguidor ou como um líder, em tempos de mudança ou de perda, em tempos de sinergia e trabalho de equipe ou em tempos de conflito e ruptura.

Este capítulo introdutório estabelece o cenário e apresenta os conceitos que serão desenvolvidos e explorados em toda a obra. O Capítulo 1 explora a relação que temos com o fracasso, como isso pode ser paralisante para alguns e impedi-los de abraçar a aprendizagem nascida de tentativa e erro. Sair logo do fracasso não é uma chamada à ação imprudente, mas uma estrutura de permissão que lhe garante o espaço para cometer um erro — não por capricho, sem pensar, mas no processo de desenvolvimento e enriquecimento no trabalho.

O Capítulo 2 apresenta o cérebro e o corpo e a relação destes com a resiliência. Apesar de falarmos muito sobre resiliência emocional, o impacto físico e a notável capacidade do cérebro para mudar a si mesmo são fundamentais.

O Capítulo 3 se aprofunda no tema. Muito do que somos e da forma como abordamos a vida é formado não apenas nos últimos anos, mas também nos primeiros e, mesmo antes disso, no útero. Esse capítulo examina os elementos de nós mesmos que são menos fáceis de acessar, as partes escondidas da nossa identidade, que moldam o comportamento.

No Capítulo 4, examinamos a inevitabilidade da mudança e a perturbação na vida profissional. Isso pode causar ansiedade, estresse e dificuldade. Precisamos de resiliência para lidar com mudanças e perdas. Esse capítulo examina a forma como abraçamos as transformações e oferece compreensão e ferramentas para lidar com as perdas inevitáveis no trabalho.

O Capítulo 5 fala de liderança. Como líder ou como seguidor, há desafios. Quando somos promovidos a uma posição de liderança, passamos de um membro da equipe para alguém diferente, com pressões, responsabilidades e exigências distintas. Como podemos nos preparar para lidar com essa transição? E como podemos, na posição de seguidores, lidar com as exigências dos líderes?

No Capítulo 6, examinamos o conflito, um tópico com o qual, às vezes, podemos ter uma relação difícil. No cerne da sabedoria necessária para administrar conflitos no trabalho está a capacidade de separar o comportamento da pessoa, o resultado da intenção, o passado do futuro. Lidar com desacordos, ataques percebidos e comportamentos de *bullying* pode ser perturbador. Esse capítulo examina o tema e oferece algumas ferramentas construtivas para ajudar você a desenvolver resiliência na arena do conflito.

O Capítulo 7 aborda o propósito: o que o anima e o motiva a trabalhar arduamente? A relação entre o senso de propósito e a resiliência é desvendada, e a importância desse vínculo para lidar com a adversidade é examinada. O capítulo também contém exercícios para refletir sobre o senso de propósito — o que o leva a ir ao trabalho todos os dias? Essa é uma resposta única para cada um de nós.

O capítulo final vincula os temas-chave do livro e orienta outras formas de construir uma identidade resiliente no trabalho. Além disso, apresenta estratégias para examinar as ideias da obra com mais detalhes.

À medida que avançamos, no final de cada capítulo há um exercício, ou vários exercícios, que estimulam a construção da autoconsciência e da compreensão. Esses exercícios podem ser realizados várias vezes. Alguns deles demorarão poucos minutos, outros, como a *Autoconsciência da resiliência,* podem demorar mais tempo, enquanto você considera questões profundas e reflete sobre elas. Fazer o teste *Autoavaliação da resiliência* no início e no final da leitura pode dar uma indicação de como sua resiliência se desenvolveu.

O psicólogo francês Boris Cyrulnik identificou pela primeira vez a noção de resiliência psicológica. Seu próprio trauma e perdas pessoais o ajudaram a desenvolver a teoria segundo a qual não são essas experiências que determinam o destino, mas, sim, nossas respostas à dor e ao sofrimento. Ele escreveu sobre a força interior que todos possuímos e que pode nos libertar, já que somos mais capazes do que imaginamos.

Cyrulnik (2011)[1] destacou a pérola como um símbolo de resiliência. Essa joia é o resultado de um grão de areia que se deposita numa concha de ostra e a irrita. Para se defender, a ostra produz uma substância nacarada, logo transformada em algo duro, brilhante e precioso — uma pérola.

Onde quer que você esteja em seu relacionamento com a resiliência, há potencial para se desenvolver. Você pode construir reservas de resiliência e enfrentar o futuro com empolgação e energia. O fracasso, a adversidade e a mudança terão, naturalmente, impacto, mas você pode se recuperar, pode cultivar a resiliência.

Autoavaliação da resiliência

Quando exploramos a resiliência, frequentemente existe uma disparidade entre o nosso senso de resiliência e a forma como os outros nos veem. Pode ser que nos sintamos mais frágeis do que somos vistos... Ou, talvez porque sejamos introvertidos, possamos ser julgados como menos resistentes. As situações em que nos encontramos também podem variar muito, como também a nossa resiliência nessas circunstâncias.

Pensando em você no trabalho, como classificaria o seu senso de resiliência? Atribua a si mesmo uma nota até 10, em que 10 é o mais resistente. E como os outros o classificariam? Peça a algumas pessoas (sugestões no exercício abaixo) para lhe darem uma nota até 10. Não há resposta certa ou errada para as perguntas feitas; a intenção do exercício é fazê-lo parar e se examinar um pouco mais de perto. Em uma escala de 1 a 10:

- Como você se classificaria?
- Como o seu parceiro o classificaria?
- Como o seu colega o classificaria?
- Como o seu mentor/*coach* (se você tiver um) o classificaria?
- Como o seu gestor direto o classificaria?
- Como o seu amigo o classificaria?

Olhe para essas notas e considere o que isso pode significar. Há alguma disparidade?

Observação: Ao explorar a autoavaliação e a forma como imagina que os outros o veem, pode valer a pena considerar o quão otimista ou pessimista você se sente como pessoa. Considere como você se comportou quando teve contratempos. Acha fácil largar e depois seguir adiante, ou esses contratempos tendem a se manter com você?

Autoconsciência da resiliência

Tire algum tempo para se fazer as perguntas a seguir. Reflita sobre cada tópico; isso o ajudará a entender como você avalia sua relação com a resiliência no momento atual. Lembre-se: essa relação não é estática. Pode mudar com o tempo, em diferentes circunstâncias. Este exercício pode requerer um período mais longo para ser concluído, enquanto você reflete sobre suas experiências. Não precisa apressar cada pergunta; leve o tempo necessário e comece a entender seus fundamentos, além de perceber como a relação entre os elementos-chave da identidade afeta a resiliência. Este exercício vai ajudá-lo a começar a descobrir onde seus pontos cegos podem estar escondidos.

1. Você teve uma vida familiar segura?
2. Teve que lidar com traumas particulares ou mudanças no início da vida?
3. Já teve que lidar com muitos desafios ao longo da vida?
4. Como você lidou com as adversidades, grandes ou pequenas?
5. Você é um pessimista declarado?
6. Ou você é um otimista?
7. Com que rapidez você sai dos contratempos e desilusões?
8. Como seus colegas descreveriam a maneira como você lida com os contratempos e decepções?
9. O que você aprendeu sobre si mesmo quando lidou com o desapontamento?
10. Que tipo de apoio você recebeu dos outros?
11. Como você se ajudou a superar as dificuldades?

Razões para ser resiliente

Assinale a(s) declaração(ões) que se aplica(m) a você.

Quero ser mais resiliente para que eu:

1. Possa me sentir mais confiante.
2. Possa ser um(a) gerente melhor.
3. Possa apoiar os meus pares.
4. Possa superar...
5. Fique menos ansioso(a).
6. Preocupe-me menos.
7. Seja capaz de dizer não.
8. Tenha um melhor equilíbrio entre trabalho e vida pessoal.
9. Possa conseguir mais.
10. Possa perder menos tempo com dúvidas pessoais.
11. Possa desfrutar do meu sucesso.
12. Possa candidatar-me a uma promoção.

Para construir ainda mais a sua autoconsciência, classifique-os na ordem de importância.

Quero ser mais resiliente para que eu:

1.
2.
3.
4.
5.
6.
7.
8.
9.
10.
11.
12.

Escala de resiliência

Coloque-se nesta linha de resiliência. Num extremo não há nada: você está exausto e sem nenhuma força ou esperança para o futuro. Na outra ponta, você está flutuante, entusiasmado, pronto para enfrentar qualquer coisa. Onde você se senta?

Lembre-se: essa não é uma escolha binária e não é limitada pelo tempo. Você pode se mover nessa escala no decorrer de um trabalho, de um projeto, até mesmo de um dia!

Superforte ←――――――――――――――――→ Frágil

NOTA

1 Cyrulnik, B. *Resilience: How your inner strength can set you free from the past.* Londres: Penguin, 2011.

1
SAIA LOGO DO FRACASSO

O fracasso é geralmente entendido como falta de sucesso, associado a uma linguagem pesada, ligada à derrota. A exigência de triunfar desde a primeira vez está profundamente enraizada na cultura profissional. No entanto, o fracasso não precisa ser visto dessa forma — como um fim, infrutífero. Falhar pode significar frustração, atraso ou desapontamento, mas pode, também, traduzir a descoberta de pontos fortes, a melhor compreensão do mercado, o encontro de processos e parceiros leais. Em outras palavras, é possível aprender com as falhas.

De fato, no mundo da inovação e das *startups*, sem uma série de fracassos ninguém é levado a sério. Não ter fracassado sugere falta de imaginação, nenhuma capacidade de pensamento expansivo, melhoria ou originalidade. Nesse contexto, a frase "saia logo do fracasso" tornou-se um motivo para abraçar o espírito de progresso e invenção, além de um incentivo para assumir riscos, aprender com eles e avançar depressa para o próximo desafio ou desenvolvimento. A vida profissional oferece muitas oportunidades de mudança e ascensão: no mundo do trabalho, estamos entrando na Quarta Revolução Industrial.

Até agora, a humanidade viveu e trabalhou com a introdução da força do vapor no século XVIII, que mudou drasticamente a forma como os bens eram fabricados. O século XIX trouxe a eletricidade e a produção em massa. A partir dos anos 1970, a vida profissional também foi revolucionada pela inovação da informática. Agora, enfrentamos mais transformações com a implementação de tecnologias físicas e digitais, que estão mudando, de modo espantoso, a forma como trabalhamos e vivemos.

A Internet das Coisas veio para transformar a maneira como nos comunicamos, trocamos e interagimos. Funcionalidades movidas a inteligência artificial e robótica em breve se tornarão comuns nos negócios, bem como os assistentes virtuais. Estamos nos comunicando de diferentes maneiras, somos acessíveis 24 horas por dia, estamos conectados global e transculturalmente, por isso, precisamos trabalhar com ritmo e agilidade.

O MEDO DO FRACASSO É NATURAL

Cada mudança na forma como trabalhamos traz consigo novos desafios, oportunidades e a possibilidade de abraçar mudanças mais prontamente, se nos permitirmos fracassar no caminho até as realizações. Entretanto, muitas vezes é mais fácil falar do que fazer. A reticência no envolvimento com o fracasso é compreensível, já que vivemos em uma era de sucesso e celebração. Muito do conteúdo popular de mídia se concentra em histórias de sucesso empresarial, e poucos realmente falam sobre suas derrotas, ou sobre como organizações e indivíduos podem lidar com as consequências de sonhos não realizados.

O fracasso através dos tempos

Na Grécia, em 800 a.C., os comerciantes cujas empresas tinham falhado eram obrigados a sentarem-se no mercado, com cestos sobre a cabeça. Incapazes de ver, mas vistos, eram ridicularizados por seus erros e sofriam humilhação ritual, por não conseguirem prosperar no empreendimento comercial escolhido. Na Itália pré-moderna, os proprietários de negócios falidos e com dívidas desfilavam nus em praças, em meio à multidão.

Na França, no século XVII, os empresários falidos eram levados para regiões centrais, onde seu colapso era anunciado em público. Para evitar a prisão, eram obrigados a usar um gorro verde — símbolo gritante do fracasso. Esses exemplos ilustram a dureza com a qual as falhas têm sido tratadas ao longo da história.

O medo do fracasso é natural, dadas as consequências atuais e históricas da humilhação. Hoje, os novos empresários arriscam-se a atrapalhar a cobertura jornalística e a prejudicar a imprensa editorial, isso para não falar da vergonha instantânea *on-line*. Todavia, aqueles que falham *e se recuperam* — como Richard Branson, Steve Jobs e JK Rowling — ocupam um lugar especial no afeto do mundo. Será esse um indício de que a maré está mudando? De que, como sociedade, estamos começando a reconhecer que o sucesso imediato não é provável nem mesmo para o mais talentoso dos indivíduos?

As consequências do fracasso, imaginado ou real, podem sufocar a inovação e a criação de negócios, além de gerarem sofrimento. Nem sempre é fácil se recuperar. Talvez precisemos de tempo, bons conselhos e um pouco de coragem para levantarmos e tentarmos outra vez. Mas, para qualquer negócio, instituição, atividade criativa ou esforço empresarial, o *fracasso é sempre uma opção*. De certa forma, é possível dizer que falhar é inevitável, quando você se esforça o suficiente para considerar todas as possibilidades. Não podemos ter sorte o tempo todo, as coisas nem sempre caem no devido lugar, as pessoas se comportam de forma inesperada, os recursos se esgotam, ficamos exaustos. É tão importante se planejar para o fracasso, como para o sucesso retumbante.

FALHAS EM DIFERENTES CONTEXTOS DE TRABALHO

Este capítulo não aborda as razões do fracasso. Há muitas explicações potenciais para a ruína empresarial, organizacional ou laboral: guerra, recessão, tributação, flutuação das taxas de juros, regulação, más decisões gerenciais. Peter Drucker, o guru da gestão, afirmou que as razões mais significativas para o fracasso das empresas são a incapacidade de responder à questão-chave "*qual é o nosso negócio?*", a insistência da administração em uma estratégia falha e a ausência de interesse em produtos ou serviços.[2]

Mas, claro, também há momentos em que as organizações enfrentam outros eventos desastrosos — incêndios, perda de funcionários, força maior. Há também a decepção esmagadora de um empreendimento empresarial fracassado, em particular um pelo qual o empresário se apaixonou e no qual trabalhou durante muitos anos.

E o fracasso não se restringe ao colapso dos negócios. Todos enfrentamos decepções corriqueiras na vida profissional: talvez não tenhamos oportunidade de nos apresentar, não sejamos escolhidos para ir à convenção, percamos a oportunidade de trabalhar com o mentor que tanto admiramos.

É possível que não tenhamos oportunidade de nos dedicar ao que nos sentimos prontos, dispostos e capazes de fazer; ou que não consigamos o trabalho que esperávamos — ver um novo recruta entusiasmado com o trabalho que desejávamos e no qual tínhamos depositado todos os esforços é extremamente difícil.

Ou, ainda, o projeto em que estamos trabalhando não tem sucesso. O campo de que tanto nos orgulhamos não leva ao contrato que esperávamos. O produto ou serviço que acabamos de desenvolver não é escolhido pelos clientes. Não recebemos um aumento de salário. Nosso artigo não é selecionado para um periódico.

Todas as indústrias, profissões e organizações se beneficiam ao aprender com seus fracassos, mesmo quando as consequências desse fracasso são a vida ou a morte. O fracasso não é da alçada daqueles com menor inteligência ou capacidade; os indivíduos e instituições mais bem-sucedidos, brilhantes e talentosos podem experimentar o fracasso. Denis Waitley, psicólogo e perito em autoestima, alega:

> O fracasso deve ser nosso professor, não um agente funerário. O fracasso é atraso, não derrota. É um desvio temporário, não um beco sem saída. O fracasso é algo que só podemos evitar se não dissermos nada, não fizermos nada e não nos tornarmos nada.[3]

O fracasso é ainda descrito por Waitley como o fertilizante do sucesso; em outras palavras, precisamos desse aprendizado para garantir triunfos futuros.

Henry Marsh, autor de *Do No Harm,* é um neurocirurgião que tem defendido a necessidade de o fracasso ser nomeado, mesmo por cirurgiões conceituados e experientes.[4] Ele cita a aprendizagem essencial que ocorre quando erros são cometidos no campo altamente qualificado e desafiador das cirurgias cerebrais. Ele diz que é importante que as pessoas em cargos de chefia se manifestem, mesmo correndo o risco de prejudicar a própria reputação, pois só podemos ter coragem para assumir riscos, quando reconhecemos que as falhas ocorrem em qualquer função.

Se somente trabalhássemos quando não houvesse nenhuma possibilidade de falha, muito pouco seria melhorado ou desenvolvido. Haveria um perigo de estagnação e decadência.

O esporte oferece mais uma prova da importância de abraçar o fracasso. O jogador de basquete Michael Jordan credita o próprio sucesso estelar aos seus numerosos fracassos:

> Perdi mais de 9 mil arremessos na minha carreira. Já perdi quase 300 jogos. Vinte e seis vezes, confiaram em mim para dar o arremesso que venceria o jogo e falhei. Falhei várias e várias vezes durante a vida. E é por isso que tenho sucesso. [5]

No mundo acadêmico, indivíduos talentosos e brilhantes enfrentam rejeições constantes. Para que uma bolsa de pesquisa seja aprovada, ou um trabalho publicado, há processos extenuantes de candidatura e revisão, acompanhados de muita agonia e angústia. A professora Dame Jane Francis explica:

> Mesmo agora, a rejeição pode me irritar e abater, devido ao esforço desperdiçado. Ainda que doa, é importante pensar em como posso fazer isso de forma diferente na próxima vez. [6]

Reconhecer a natureza competitiva da vida acadêmica, ou mesmo de qualquer empreendimento empresarial, pode ajudar a reconhecer os desafios que enfrentamos e a aceitar que a rejeição, às vezes, está fora do nosso controle; apesar de nossos melhores esforços, podemos falhar. E vemos que, algumas vezes, pessoas inteligentes e talentosas falham, outras vezes, cometem erros enormes. Os serviços de *streaming* de vídeo sob demanda foram um conceito, de certo modo, novo no ano 2000, quando os executivos da Blockbuster esnobaram a chance de comprar a Netflix por uma fração de seu valor atual.

JK Rowling, uma das autoras mais respeitadas e bem-sucedidas do mundo, foi inicialmente rejeitada por várias editoras. Karl Lagerfeld descartou o varejo de moda de luxo *on-line*, por considerá-lo impraticável e questionar se alguém gastaria uma quantia de dinheiro considerável em uma peça de vestuário que não experimentou. Com o benefício da retrospectiva, conhecemos o incrível potencial e sucesso da Netflix, de Harry Potter e da Net-a-Porter.

Mas o que podemos aprender com esses erros? E como podemos transformar obstáculo em vitória? O fracasso pode nos impedir de aplicar o pensamento crítico para a próxima oportunidade de negócio, ao nos congelar em uma nuvem de erros e decepções. Então, como podemos manter um senso de esperança, após uma decisão catastrófica ou um fiasco profissional? Passaremos agora a examinar o otimismo, a esperança e a resiliência face ao fracasso.

OTIMISMO, ESPERANÇA E RESILIÊNCIA

As três capacidades que destacamos têm conotações positivas e pressupõem que tanto o otimismo como a resiliência terão um impacto significativo e bem-vindo no desempenho profissional, seja como líder e gestor, ou como seguidor. O otimismo permite que um indivíduo interprete os eventos como positivos, e não como negativos. Isso se aplica não só a falhas de desempenho e acontecimentos pessoais negativos, mas também a eventos e situações externas.

Assim, em vez de se voltarem para dentro e culparem a si mesmos, os indivíduos otimistas explicarão as dificuldades no contexto da situação em que se encontram. Esse modelo de psicologia positiva se tornou famoso com a ajuda do célebre psicólogo Martin Seligman. Ele propõe a noção de desamparo aprendido (voltaremos a isso mais tarde no livro) e demonstra o impacto da psicologia positiva no bem-estar. O subproduto de tal atitude otimista é também a bem-vinda ausência de culpabilidade. Como esse otimismo pode aparecer no local de trabalho? Veja o exemplo do gerente que é solicitado a se transferir para outro departamento:

> Um gerente é transferido para outro departamento, de uma hora pra outra. Esse gestor, em vez de questionar sua capacidade no papel atual, considera questões externas — por exemplo, o departamento estava com excesso de pessoal, a economia está com problemas, ele foi visto como um indivíduo flexível e capaz de lidar com a mudança.
>
> Ele interpreta a situação positivamente: devem ter precisado de alguém realmente bom; por isso me transferiram. A mudança é uma oportunidade, abrindo a possibilidade de mais mudanças e crescimento.

Esse gerente tem a capacidade de se recuperar da missão que não procurou para si mesmo e usá-la como uma oportunidade para o avanço, o *networking* e a aprendizagem.

Pode-se contrapor isso a fantasias sobre ser abandonado, expulso ou sobre não ser desejado. Todos esses sentimentos criam uma plataforma negativa a partir da qual se pode experimentar a transferência. O otimismo, em contrapartida, pode nos dar a melhor chance de encarar a mudança de modo positivo.

A esperança acrescenta outra dimensão — a de um reacender de determinação e vontade de sucesso, mesmo quando confrontados com desafios e obstáculos. O processo de esperança permite aos indivíduos enxergar bloqueios ou problemas, como oportunidades de aprendizado, ou como uma oportunidade para um novo desafio. A esperança concentra-se na agência interna, autodirigida.

No entanto, a esperança e o otimismo são diferentes da resiliência. Olhar para frente com esperança e otimismo nos permite considerar situações, possíveis causas, ameaças e oportunidades com um plano positivo. A resiliência é crucial quando esse plano falha — quando há mudança e incerteza, acrescidas da necessidade de flexibilidade, adaptabilidade ou improvisação. A resiliência vai além dos sucessos e fracassos de um determinado projeto ou atividade; encontra significado contra as probabilidades, em situações que não são racionalizadas ou planejadas com facilidade.

Aqueles com resiliência reconhecem que há necessidade tanto de se preparar proativamente (com esperança e otimismo), como de tomar certas medidas reativas face às dificuldades e adversidades. A resiliência num indivíduo permite reconhecer que os contratempos, os eventos esmagadores, positivos e negativos, podem destruir até a pessoa mais alegre e otimista. Profissionais precisam se recuperar desses traumas e eventos desafiadores — precisam se recuperar. Nesses casos, o fracasso pode ser um trampolim para o crescimento.

Os resilientes sabem que o retorno ao fluxo habitual não acontece com o apertar de um botão. Há a identificação e o reconhecimento de que tal experiência significa que a pessoa afetada precisará de tempo e energia para se recuperar e para retornar a um ponto em que possa continuar a atuar. A resiliência, portanto, deve ser vista como um valor positivo em situações e riscos que, de outra forma, seriam interpretados como negativos.

O FRACASSO NÃO É APENAS PARA OS EMPRESÁRIOS

É comum relacionar o fracasso à atividade empresarial. Mas é claro que podemos correr riscos, tentar novos caminhos e trabalhar de maneiras diferentes sem criar uma empresa. Podemos, tão somente, ser movidos por um desejo de autoaperfeiçoamento, responder às demandas do nosso empregador ou reagir às mudanças nas necessidades do cliente ou na tecnologia. No entanto, quando investimos tudo num novo esforço — em termos financeiros, físicos e emocionais — pode ser difícil enfrentar o fracasso, em especial quando há conexão emocional e ainda acreditamos no potencial e nas possibilidades.

Alguns dos nossos pensadores, escritores e empresários mais bem-sucedidos tomaram o fracasso como uma chance de serem livres para tentar de novo — persistir, refinar, redesenvolver. Pense em Thomas Edison, que declarou: "Eu não falhei. Apenas encontrei 10 mil maneiras que não vão funcionar." Pode haver sentimentos de vergonha e humilhação. Pode haver desapontamento e perda financeira. Mas também há uma sensação de liberdade, uma chance de recomeçar e iniciar o trabalho de uma nova maneira.

De pouco em pouco, estamos começando a celebrar aqueles que correm riscos. Não aqueles que abandonam imprudentemente as pessoas e os negócios, mas aqueles que reconhecem o melhor momento de parar, considerar o que foi aprendido e buscar uma maior compreensão; e que haverá outras oportunidades para alcançá-la.

Se navegássemos por nossas vidas profissionais, comerciais e pessoais sem cometer falhas, nossa experiência seria unidimensional, talvez até monótona. Não sabemos se algo vai funcionar até tentarmos, então precisamos desenvolver uma mentalidade em que reconheçamos o que podemos alcançar, sabendo que, se não tivermos sucesso e falharmos, podemos tentar de novo... Se a falha for rápida, também é possível aprender rápido.

Se tivermos a sorte de trabalhar em um ambiente que encoraja riscos, há muito a ganhar. Nem todos responderão aos nossos fracassos de forma encorajadora e solidária; alguns ficarão desapontados e irritados. Precisamos aprender a aceitar as partes afetadas e, também, a lidar com o transtorno, para sermos claros quanto à nossa capacidade de nos recompor e tentar novamente. Assim, poderemos aprender com o fracasso e aplicar esse aprendizado no próximo empreendimento.

Veja o exemplo da diretora-executiva de uma importante e próspera editora em posição de liderança, que descreve um risco na carreira que não valeu a pena. Ainda assim, ela não se arrepende da escolha que fez, pois essa foi uma decisão que lhe ofereceu uma extraordinária oportunidade de aprendizagem. Essa brilhante e ambiciosa executiva assumiu um papel de liderança em um novo setor, como editora de uma revista, e se viu empurrada para um ambiente estranho, com diferentes prazos, prioridades e valores. Ao refletir sobre a sua experiência, ela descreve como depois de seis meses de trabalho duro, e justamente quando sentiu que estava pegando o jeito, foi despedida — uma humilhação, mas também um alívio.

Esse fracasso ensinou-lhe o que ela realmente queria da sua vida profissional, o ambiente em que queria trabalhar e os valores mais importantes para si mesma. Ela cita a aprendizagem do fracasso como uma grande parte da vida: "Você precisa manter o curso e aprender com o que não vai bem."

FALHE RÁPIDO, APRENDA RÁPIDO

ENTÃO, POR QUE FALHAR COM RAPIDEZ?

A noção de agilidade em caso de falha vem da concepção de sistemas. Essa tecnologia relata imediatamente uma questão que pode causar um problema e parar as operações, em vez de continuar com um processo defeituoso. Agora, as empresas usam o termo para incentivar ações ousadas, a fim de verificar a viabilidade de uma estratégia de longo prazo ou de um produto, o que evita anos de investimento e esforço em uma metodologia já condenada.

Adotar esse pensamento é mais um passo para nos ajudar a nos sentir mais confortáveis, como indivíduos, com a incerteza e a aprender a trabalhar com situações de fracasso. Quando falhamos, não devemos estagnar na decepção, mas rever o que deu errado, aprender com isso e pensar como esse aprendizado pode ser aplicado com agilidade e eficiência. É o mantra que nos encoraja a "voltar para o jogo" depois de termos caído, e a aprender que, da próxima vez, devemos evitar o obstáculo que nos derrubou.

Evitar o fracasso sempre que possível parece tentador, como vimos desde o início deste capítulo. Mas para escapar do fracasso, você precisaria evitar o novo, e repetir a mesma coisa várias vezes pode significar que você está deixando de produzir seu melhor trabalho, já que não é desafiado ou animado pela atual função.

Você pode estar fazendo o que já sabe muito bem — mas isso pode não gerar entusiasmo e motivação. Quando você enfrenta um desafio, sua experiência e conhecimento o levam a um lugar de competência e capacidade. Por causa disso, e do (compreensível) medo do fracasso, você pode estar relutante em deixar esse lugar seguro — talvez também esteja cercado por colegas e líderes que apreciam suas habilidades e talentos, por isso querem que você continue fazendo o que está fazendo.

Contudo, isso pode levar à estagnação e, algumas vezes, a um desempenho menos brilhante, uma vez que você está literalmente entorpecido. Desafiar-se a fazer coisas mais interessantes traz um enorme potencial, mas também, claro, a probabilidade de que, ao fazer algo novo, você ainda não esteja tão perfeito quanto no seu papel anterior — portanto, quanto mais cedo você tentar, menores serão os riscos do fracasso. Você vai tirar o medo do caminho, o que resultará em alguma informação nova e valiosa... Isso significa que será muito menos provável que falhe novamente da próxima vez.

Você consegue

Quando Bobbi Brown deixou sua marca homônima, ela sentiu empolgação, mas também perda e tristeza. Ela foi encorajada por algumas palavras de confiança, num encontro casual com um *chef* que a viu numa festa e lhe disse: "Ei, você conseguiu." Ela passou a adotar este slogan, "Eu consegui!", como um lembrete e uma motivação para seguir em frente.[7]

VUCA

A inovação traz consigo grandes flutuações. Previsibilidade e consistência resultam tanto em segurança, como em pouca transformação ou inovação. Assim, é certo que buscar mudanças radicais traz consigo falhas, erros e desafios. Aprender a "desaprender" e a adotar novas práticas é fundamental para um avanço tecnológico, inovador ou criativo em qualquer campo. Se estamos trabalhando em um ambiente que não tolera erros de qualquer tipo, esse local está fechado para uma possível mudança positiva. Como Sunnie Giles, autora de *The New Science of Radical Innovation* (2018), expressa, precisamos incentivar os outros a falharem de forma rápida e segura. Depois, temos de recolher as lições aprendidas e disseminar logo essa aprendizagem.

Giles nos dá a sigla VUCA[8] para capturar o mundo do trabalho do século XXI — segundo ela, este período está cheio de Volatilidade, Incerteza (em inglês, *Uncertainty*), Complexidade e Ambiguidade. Nesse clima, o fracasso é inevitável — mas deve ser acolhido como um meio de aprendizagem e uma oportunidade para reiniciar e mudar de direção.

Ela oferece uma série de instruções aos líderes que esperam inovar radicalmente:

1. Proporcione um ambiente onde os funcionários possam experimentar e desenvolver ideias.

2. Dê aos funcionários desafios moderados, nem fáceis nem muito difíceis, a fim de incentivar soluções criativas.
3. Abraçar, não apenas tolerar, o fracasso como essencial para a inovação radical.
4. Por fim, forneça uma maneira segura e rápida de falhar.

Aqui está um exemplo de como isso pode ser feito na prática. Dame Inga Beale, a primeira mulher CEO do Lloyd's of London, descreve um dia difícil enfrentado ao dirigir uma empresa de resseguros suíça. Ela escreve:

> Eu tinha sido trazida para mudar a empresa, que, logo em seguida, passou por uma aquisição hostil. Fiquei arrasada — parecia que meu filho fora tirado de mim. Durante a maior parte da noite, depois de ouvir as notícias, estava perplexa, mas depois me levantei, lavei o rosto, fui ao escritório e disse: "Certo, vamos lutar contra isso." Eu me deixei absorver por completo pelo choque, depois me levantei, continuei e não derramei mais nenhuma lágrima.[9]

Ela também identifica a carga adicional sobre um líder ao lutar contra uma potencial catástrofe. A necessidade de lidar e de se recuperar é importante para as pessoas à sua volta, que olham de perto para o seu comportamento e reconhecem uma liderança da sua parte. Ela foi capaz de fazer isso dando a si mesma um tempo para aceitar e reagir ao que aconteceu — não ao ignorar, temer ou evitar a oportunidade de falhar, por não assumir o trabalho difícil.

SAIR LOGO DO FRACASSO NÃO É FÁCIL

A falha rápida não se destina a minimizar as consequências desmoralizantes de um fracasso. Qualquer líder que tenha assumido para sua equipe o fracasso de um projeto, ou que teve de relatar ao chefe ou a partes interessadas que não cumpriu um objetivo, sem dúvida foi, a princípio, destroçado pela decepção e as consequências desse insucesso. Só mais tarde poderá surgir a ideia de que essa é uma grande oportunidade de aprendizagem. Pode, no início, ser bem difícil lidar com isso.

Portanto, embora não devamos humilhar aqueles cujos negócios falharam, também não devemos imaginar que falhar rápido é sempre bom ou fácil. Abraçar o fracasso é essencial para qualquer pessoa no local de trabalho; como já vimos, é impossível evitar isso. Mas devemos procurar *falhar com consciência* do impacto do fracasso e da responsabilidade de partilhar o que aprendemos.

Aos poucos, as coisas estão mudando. Algumas empresas organizam "F... Up Nights" (Noites Ferradas). As pessoas são encorajadas a compartilhar suas histórias de erros e fracassos, para que o estigma seja removido, e as lições, aprendidas. Existe, agora, até um grupo de reflexão chamado The Failure Institute (www.thefailureinstitute.com). Essa organização também abraça a noção de "F... Up Nights" e nasce da ausência de pesquisas sobre o fracasso empresarial, em contraste com a extensa literatura sobre o sucesso nos negócios. O The Failure Institute visa a incentivar o estudo do tema e a contribuição que o exame do fracasso pode ter para a tomada de decisões, para a implementação de políticas e o desenvolvimento empresarial. O inominável está sendo colocado sobre a mesa e as pessoas estão livres para compartilharem histórias de derrotas. Nada disso significa que é fácil passar a celebrar o fracasso; é um desafio, faz parte do mundo de trabalho e temos de aprender a abraçá-lo.

ENTRAR NUM JOGO ESTOICO — O QUE PODERIA SER PIOR?

Ao enfrentar um fracasso ou desapontamento, podemos pensar como os estoicos e considerar o que mais poderia ser pior. Morreu alguém? Interrompemos a paz mundial? É o fim do mundo? A mensagem central dessa forma de pensar é que não controlamos e não podemos confiar em eventos externos; só podemos ter certeza de nós mesmos e das nossas respostas, do que podemos influenciar e controlar.

O estoicismo ensina que o mundo é imprevisível, que a vida é curta, que devemos ser fortes e ter controle sobre nós mesmos. Também nos encoraja a superar emoções destrutivas e a refletir sobre o que pode ser feito e executado em vez de debatido.

Uma das ferramentas dos estoicos é praticar o infortúnio. Montaigne, um filósofo do século XVI, oferece-nos alguns conselhos bastante atuais. Ele estimula a abraçar a vida agora, pois, na morte, todas as nossas opções estão esgotadas. Por isso, devemos pensar em todos os piores cenários possíveis que tememos — talvez demissão, humilhação, cortes salariais, nunca ser reconhecido e recompensado — como uma forma de gerir o medo e a ansiedade. Então, quando nem tudo isso acontece, podemos perceber que a maioria das adversidades é transitória ou reversível.

Também podemos nos educar para evitar pensar no bem e no mal. Há um exercício chamado "virar o obstáculo de cabeça para baixo", usado pelos estoicos, que se refere a reenquadrar um problema para que toda situação desagradável, difícil ou "ruim" se torne uma fonte de positividade. Por exemplo, você está ajudando um colega em uma tarefa com a qual ele está tendo dificuldades, e ele responde sendo irritadiço, mal-agradecido e brusco. Não está disposto a cooperar e parece não querer a sua ajuda. "Virar o obstáculo de cabeça para baixo" vai desafiá-lo a pensar nas novas virtudes a que esse colega o está expondo — por exemplo, à paciência ou a uma maior compreensão e empatia.

Esse é o pensamento por trás da expressão de Barack Obama "momentos ensináveis". Quando o escândalo atingiu o futuro presidente na trilha eleitoral, ele o enfrentou e transformou a situação negativa em uma oportunidade de abordar questões difíceis a partir de uma plataforma de destaque. Isto é algo em que os empresários são peritos: aproveitar as oportunidades; não no sentido normal da palavra, mas para transformar condições difíceis em novos produtos e serviços.

Por exemplo, após o terremoto e tsunami no Japão em 2011, jovens e inovadores se envolveram de perto no processo de recuperação do país, com propostas de reconstrução inovadora e ágil. Ou veja o exemplo de Greensburg, cidade do Kansas, EUA, que, quando foi destruída por um tornado, deixou de lado as mentalidades tradicionais, para se colocar como líder mundial na construção amiga do ambiente. Um estoico transforma cada obstáculo em uma oportunidade. Para ele, não há nem bom nem mau, apenas a nossa percepção da situação, e nós estamos no controle de tal percepção.

AUTOCOMPAIXÃO

Ouvimos falar muito de histórias de sucesso. Do triunfo sobre a adversidade. De mercados conquistados. De bolsas de estudo obtidas. De cargos ganhos. De inovações levadas ao mercado. Há uma suposição de que, se você for bom, inteligente e trabalhador, terá sucesso. Mas, claro, sabemos que não é assim que funciona a vida profissional. Os bons são ignorados, os produtos enfrentam problemas de produção, temos um dia ruim, cometemos um erro.

Ter consideração por nós mesmos não é desculpar o erro, mas nos permitir considerar o que correu mal. Estávamos muito cansados ou lidando com coisas demais? Tivemos problemas familiares que interromperam o pensamento? Decidimos fazer alguma coisa porque pensamos que agradaria outra pessoa?

É fácil dizer: "Seja mais firme", mas é muito difícil conseguir. Somos criaturas frágeis e muito mais vulneráveis do que aparentamos, especialmente se o fracasso nos atinge numa altura em que existem outros aspectos difíceis e angustiantes na vida. Mais tarde no livro, vamos explorar a perda e a mudança relacionadas à resiliência. Mas aqui vale indicar como estão ligadas ao fracasso. É importante reconhecer que algo se perdeu, que algo em que suas esperanças e sonhos foram investidos não funcionou como esperado.

SEJA GENTIL CONSIGO MESMO

Aceite a orientação que você provavelmente daria a um amigo querido. Não há problema em fracassar às vezes, não há necessidade de repensar as coisas e ser o crítico de si mesmo. Correr riscos sempre trará um potencial fracasso; mas sem correr riscos, nada vai mudar. É claro que o fracasso não é só alegria; dói saber que algo em que você acreditava não funcionou. Pode ser difícil celebrar algo que é doloroso, mas o benefício da visão *a posteriori* pode oferecer clareza e uma aprendizagem rica. Além disso, você nunca está sozinho no fracasso; todos estamos sujeitos ao fracasso contínuo.

Como o capítulo destacou, não importa nosso poder cerebral, *status*, indústria, idade ou gênero, o fracasso e a rejeição cruzarão nosso caminho. Teremos que lidar com o desapontamento e com coisas que não correm como esperávamos.

Quando isso acontecer, temos uma escolha. Será que cairemos no desespero e decidiremos nunca mais tentar algo desafiador? Ou será que decidiremos não nos chocar, seguir em frente e reconhecer que é um desperdício de energia ruminar coisas de que não temos controle? Funcionamos em um mundo de trabalho competitivo e complicado; ser graciosos e aceitar, além de aprender com os erros, fracassos e decepções, pode ajudar a não viver com arrependimento. O fracasso pode ser visto como um pré-requisito para o sucesso. Por isso, se você quer ter sucesso mais rápido, duplique a sua taxa de fracasso.

Permissão para falhar

Muitas vezes somos prejudicados pelo medo do fracasso. Não tentamos coisas novas, não embarcamos em novos empreendimentos, não aprendemos uma nova habilidade, porque exigimos ter sucesso em tudo o que tentamos e em tudo o que fazemos. O que aconteceria se essa pressão pelo sucesso fosse retirada e você desse a si mesmo permissão para falhar? Tire algum tempo para pensar no que você faria se soubesse que não iria falhar. O que você tentaria, que nova experiência buscaria?

1. O que faria se soubesse que não iria falhar?
2. Liste as coisas que você adoraria fazer se o sucesso fosse garantido.
3. O que o impede?
4. Quais são seus medos?

Reservas de resiliência

Todos temos reservas que podemos aproveitar diante do fracasso, talvez de experiências anteriores que nos ensinaram que somos capazes de assimilá-lo, apesar das nossas decepções e possíveis humilhações. Essas reservas não são as mesmas para todos, mas você terá suas maneiras de lidar com elas.

Quais são suas reservas de resiliência?

- Esperança — você é capaz de manter uma perspectiva esperançosa?
- Otimismo — você, apesar dos contratempos, acredita na sua capacidade?

- Mecanismos de defesa — você se protege do fracasso negando seu envolvimento? Ou talvez culpando os outros? (Essa não é uma pegadinha. Os mecanismos de defesa nem sempre são inúteis ou negativos — eles podem nos proteger quando precisamos deles. Abordaremos esse tema com mais profundidade no Capítulo 3).
- Bem-estar físico — você cuida do seu corpo para que consiga manter a energia e a força, mesmo em momentos de grande decepção e fracasso?
- Força mental — você é capaz de processar a experiência e reconhecer opções para o futuro, para se agarrar ao seu valor e potencial?
- Momento de recuperação — você é gentil consigo mesmo? Você se dá tempo para superar os contratempos?
- Habilidades de resolução de problemas — você é capaz de refletir sobre as circunstâncias do fracasso e pensar sobre como isso poderia ter sido evitado ou como poderia ser abordado de forma diferente na próxima vez?
- Apoio social — existem pessoas a quem você possa se dirigir em busca de apoio durante tempos de dificuldade?

O confessionário

Todos falhamos de alguma forma e em algum momento. Pode ter havido exames que não foram aprovados, *hobbies* que fracassaram, competições que não foram vencidas. Não ter falhado em nada aponta para uma vivência muito limitada. Isso sugere que nos mantivemos em um limite muito seguro e contido de comportamento e experiência.

1. Qual é sua história de fracasso (todos temos uma)?
2. O que você sente vergonha de compartilhar?
3. Escreva em detalhes tudo o que está associado a essa falha.

Aprenda com o fracasso

Quais são seus momentos ensináveis? O que você aprendeu com seus erros que o ajudou a administrar melhor mais tarde? Tirar tempo para pensar nesses momentos de fracasso pode ser difícil para algumas pessoas. Pode haver uma tendência a se prender àquelas ocasiões em que as coisas correram mal. Todavia, quando fazemos isso, podemos aprender muito com a experiência. Podemos aprender por nós mesmos e também por aqueles com quem trabalhamos.

1. Pense num fracasso que você tenha experimentado.
2. O que aprendeu?
3. Que lição você compartilharia como resultado desse fracasso?
4. Como você responderia ao mesmo cenário no futuro?

Pré-meditação

Pode parecer contraintuitivo praticar a visualização negativa. Muitas vezes somos encorajados a pensar no positivo, a olhar para as coisas com um estado de espírito de copo meio cheio. Contudo, a visualização negativa pode ser algo muito mais útil do que um processo negativo e desmoralizante. Imaginar todas as coisas que poderiam dar errado, que poderiam ser tiradas de nós, e como podemos parecer tolos nos ajuda a nos preparar para inevitáveis contratempos. Além do mais, é improvável que toda a visualização negativa venha a frutificar.

Este exercício, útil para adicionar ao seu *kit* de ferramentas, foi visto pelos estoicos como um meio de construir resiliência e força. Planejar e pensar dessa forma prepara você para todas as eventualidades.

1. Pense em algo que o (a) esteja preocupando.
2. Liste todas as coisas que podem dar errado.

3. O que poderia impedir que isso acontecesse?
4. Quem pode perturbar os seus planos?
5. O que você poderia fazer para sabotar o sucesso dessa coisa ou evento?

Relaxe e sorria

Quando enfrentamos uma decepção ou um fracasso, podemos nos prender incessantemente a esse fracasso. Isso pode nos trazer sentimentos de ansiedade e infelicidade. Podemos repetir vezes sem conta a série de acontecimentos que levaram ao final decepcionante. Podemos pôr as mãos na cara com vergonha. Ou evitar pessoas que pensamos que sabem o que deu errado. No entanto, nada disso nos ajudará a aprender e a seguir em frente. Portanto, em vez disso, temos de nos oferecer compaixão e deixar o fracasso passar. Sorrir relaxa centenas de músculos da face. Também relaxa o sistema nervoso. Ao sorrir, podemos oferecer-nos essa compaixão. Experimente o seguinte:

1. Diga o nome do fracasso com que está preocupado (a).
2. Reconheça que essa foi uma decepção que lhe trouxe infelicidade.
3. Adote uma posição de não culpabilidade, mas de maior compreensão.
4. Tenha compaixão por si mesmo.
5. Deixe o fracasso para trás.
6. Leve a aprendizagem consigo.
7. Sorria.

Aprender com os erros

Quando cometemos um erro, pode parecer desastroso. Podemos cair em sofrimento e desbancar para a falta de compaixão. No entanto, o erro ou fracasso pode nos ajudar a aprender uma lição importante, algo que será extremamente valioso no futuro. Quando você comete um erro, liste tudo sobre a questão que o (a) estressa, ponto por ponto, em um pedaço de papel. Olhe com atenção para a sua lista. Pergunte--se: o que você aprendeu com isso? O que fará diferente da próxima vez? Então rasgue o pedaço de papel e descarte-o. Você aprendeu o que precisava aprender, e é *isso* que deve ficar com você — não os sentimentos de estresse do erro original.

NOTAS FINAIS

1 Gasca, L. *Don't Fail Fast, Fail Mindfully*, TED Talk, jun. 2018. Disponível em: https://www.ted.com/talks/leticia_gasca_don_t_fail_fast_fail_ mindfully (arquivado em https://perma.cc/526W-6ABG)

2 Cohen, W. *Peter Drucker on Consulting: How to apply Drucker's principles for business success*. Londres: LID Publishing, 2016.

3 Waitley, D. *The Psychology of Motivation*, Wheeling: Nightingale-Conant, 1997.

4 Marsh, H. *Do No Harm: Stories of life, death and brain surgery*. Londres: Weidenfeld & Nicolson, 2014.

5 Kevin Kruse. *Thoughts on the business of life*, 2013. Disponível em: https://www.forbes.com/sites/kevinkruse/2013/05/28/inspirationalquotes/#2302c3e76c7a (arquivado em https://perma.cc/HFK9-ZM6N)

6 What she said: how to handle rejection with grace, *The Sunday Times*, 16 dez. 2018

7 Stylist Magazine. *Life Lessons from Remarkable Women: Tales of triumph, failure & learning to love yourself*, com Bobbi Brown. Londres: Penguin Life, 2018.

8 Giles, S. *The New Science of Radical Innovation*. Dallas: BenBella Books, 2018.

9 What she said: Dame Inga Beale answers your workplace dilemmas, *The Sunday Times*, 13 maio 2018.

2
Cérebro e corpo

Este capítulo analisa nosso mundo interno: cérebro, mente e corpo, para entender o papel que desempenham na capacidade de recuperação. Também examina nossas relações mais antigas e considera como o desenvolvimento do cérebro tem impacto na resiliência. Não olhamos apenas para o início, mas para a evolução da humanidade e para o impacto dos instintos de sobrevivência na forma como lidamos com o estresse da vida profissional contemporânea. Esse não é um livro sobre estilo de vida, dieta ou exercício. No entanto, ao explorar a função cerebral e sua relação com a resiliência, o corpo não pode ser ignorado. A forma como nos preocupamos holisticamente, incluindo o sono, terá impacto no bem-estar e na resiliência.

VOLTE AO INÍCIO

Nossas primeiras relações moldam o sistema nervoso, e as pesquisas têm mostrado que existe uma forte ligação entre o desenvolvimento do cérebro e o bem-estar emocional. Uma base suficientemente boa nos primeiros anos de vida é essencial para o desenvolvimento saudável do cérebro — as primeiras interações entre os bebês e as pessoas que cuidam deles têm, portanto, um impacto duradouro e significativo. Pode ser preocupante pensar que nosso estilo e recursos emocionais, nossa resiliência emocional, foram estabelecidos tão cedo, nos primeiros anos de vida.

No entanto, os recentes avanços na compreensão da função cerebral mostram que muito ainda pode ser feito para continuar a desenvolver e mudar a função cerebral em idades mais avançadas, na verdade, em qualquer momento da vida. Vivemos um momento singular, em termos de conhecimento e compreensão florescente sobre desenvolvimento do cérebro e da função emocional. Diferentes disciplinas convergem e conspiram para nos ajudar a compreender a vida emocional de forma mais abrangente.

O CÉREBRO

Acreditava-se que o cérebro era um órgão fixo, que continha certo número de células cerebrais e que, uma vez que essas células fossem perdidas ou danificadas, não havia nada que pudesse ser feito para alterar o fato. Graças à pesquisa contínua, que gerou resultados surpreendentes e transformadores, sabemos agora que o cérebro humano pode realmente mudar a si mesmo; além disso, essas mudanças podem ser feitas sem medicação, operações ou intervenção física. A ideia de que o cérebro é capaz de se revigorar, e não apenas declinar, é revolucionária — a lenta degeneração do cérebro foi algo aceito por centenas de anos.

Este capítulo é cauteloso e reconhece que é tentador simplificar a complexidade da pesquisa em neurociência, algo que os cientistas têm chamado de "pornografia cerebral". As afirmações sobre a avaliação da liderança, da atitude ou da política através de exames no cérebro são, no mínimo, dúbias. Mas o que defendo é o potencial do cérebro para mudança, adaptação e resposta.

Que relevância tem isso para o tema da resiliência? Que impacto pode ter o potencial para melhorar a função cerebral na capacidade de sermos mais resilientes, de termos uma recuperação mais rápida, frente às adversidades e decepções? Vamos descobrir que o impacto é profundo. Os tratamentos neuroplásticos têm ajudado as pessoas a se recuperarem de derrames, melhorarem a função da memória, gerirem a obsessão e lidarem com o trauma e a privação sensorial.

A neurociência permite-nos examinar o cérebro e isolar especificamente a função ligada ao eu emocional — somos agora capazes de testemunhar a forma como as novas vias neurais podem impactar o comportamento. A tecnologia disponível, com dados extraídos de exames de ressonância magnética funcional (fMRI), é usada como ferramenta primária da neurociência. Mas embora possamos espreitar o cérebro para ver como funciona, onde está ativo etc., isso também pode explicar o porquê, ou detalhar a razão dessas mudanças.

A neuroplasticidade, notável capacidade do cérebro para mudar a si mesmo, tem sido objeto de extensa pesquisa e considerável empolgação nas últimas décadas. A terminologia "neuroplasticidade" refere-se a uma combinação das células nervosas do cérebro e do sistema nervoso (neuro), com a qualidade da mutabilidade, maleabilidade e "modificabilidade" (plasticidade).

O cérebro pode se reorganizar; as pessoas podem reconectar o cérebro para lidar com a ansiedade, a obsessão e o trauma. O que antes era visto como um órgão destinado à deterioração e incapaz de mudar e se adaptar é agora reconhecido como uma matéria em constante mudança, com considerável capacidade de transformação e reinvenção, que estabelece novos caminhos neurais, capazes de desafiar a forma como temos feito as coisas, e que abre possibilidades para novos modos de pensar e trabalhar.

RECONSTRUA SEU CÉREBRO EMOCIONAL

O córtex pré-frontal é uma parte fundamental do comportamento social sofisticado; usamos essa parte do cérebro para moderar e modular nosso comportamento. Os padrões iniciais são persistentes, pois fazem parte dos primeiros caminhos e redes neuronais — tornam-se emocionalmente habituais. Entretanto, a plasticidade cerebral é considerável, muito mais flexível e adaptável do que se pensava originalmente, para que o cérebro possa realmente mudar a si mesmo.[1] O cérebro automutável é um símbolo de esperança, encarna a possibilidade de mudança — mas é claro que essa plasticidade também pode causar distúrbios de teimosia e comportamentos inúteis. Para o propósito deste livro, vamos focar no impacto positivo da plasticidade, na possibilidade de repensar nossa relação com a resiliência.

PRESSÃO E ESTRESSE

Trabalhar sob pressão ajuda a mente humana a aumentar a produção de adrenalina. Isso, por sua vez, nos permite focar, fomentar o desejo de sucesso, e desperta uma sensação de energia e desempenho ótimos. Nesse estado de pressão, podemos "desfrutar das nossas exigências". Podemos ter pensamentos claros, ser criativos e nos concentrar profundamente. Apesar de estarmos sob pressão, podemos tomar decisões de forma rápida e decisiva, com ótimo desempenho. No entanto, quando trabalhamos com estresse, a concentração é fraca e o foco é reduzido, ao invés de expandido.

Podemos nos sentir facilmente distraídos, e também sentir que nossos cérebros estão sobrecarregados. Se estamos estressados, em vez de nos sentirmos estimulados e criativos, é mais provável que nos tornemos ansiosos, que tenhamos pensamentos negativos; também podemos nos afogar em dúvidas, com a consequente ausência de autoconfiança.

Uma descoberta empolgante da neurociência na última década é que o cérebro nunca está em repouso. Seu cérebro sempre está engajado, mesmo quando você sente que está se perdendo em um devaneio. A *Harvard Business Review* chamou isso de rede "padrão" ("default" network, em inglês).[2] Durante esse tempo, o cérebro está processando o conhecimento existente. O elemento fascinante dessa descoberta é que o cérebro tem uma capacidade fora dos cinco sentidos, a da transcendência. Em outras palavras, a capacidade de pensar sobre como seria ocupar uma mentalidade, espaço ou perspectiva diferente. Isso enfatiza que o tempo livre, sem tarefas ou responsabilidades atribuídas, poderia nos dar espaço para inovações revolucionárias.

O mundo do trabalho captou a possibilidade desse espaço criativo. O Google, por exemplo, oferece aos seus engenheiros um dia por semana para trabalharem no que quiserem; o Twitter realiza a Hack Week, durante a qual os funcionários deixam as tarefas diárias para experimentar e brincar — e outras empresas têm seguido o exemplo. Ao fazê-lo, reconhecem o valor de libertar os funcionários, e os seus respectivos cérebros, para explorar e expandir sem restrições.

Há, sem dúvida, muito mais a ser feito para libertar a mente dos funcionários, mas, no ambiente corporativo, essas iniciativas estão geralmente enraizadas na estrutura de trabalho. No entanto, como indivíduo, a meditação pode ser uma ferramenta muito eficaz para se "desligar". Ter um *flash* de descoberta ou um momento "eureca" quando você não está ativamente envolvido no trabalho, quando está passeando com o cachorro ou fazendo o jantar, também pode ajudar a fazer um importante progresso. E, claro, isso também pode significar a oportunidade de desenvolver mais resiliência.

DESENVOLVA *MINDSET* DE CRESCIMENTO[3]

Carol Dweck (2006, 2012) é conhecida pelo seu trabalho sobre o traço psicológico do *mindset*. Sua pesquisa começou explorando as atitudes dos alunos em relação ao fracasso e a diferença entre os alunos devastados por pequenos insucessos e contratempos, e aqueles que se recuperavam.

Após pesquisar milhares de crianças, Dweck cunhou os termos "*mindset* fixo" e "*mindset* de crescimento", para descrever as crenças fundamentais sobre aprendizagem e inteligência. Se os estudantes acreditavam que poderiam se tornar mais inteligentes através do esforço, eles *investiam* tempo e esforço extra e, assim, desfrutavam de mais sucesso e realização. A crença de que desenvolver uma mentalidade de crescimento pode nos ajudar a fazer mudanças significativas na vida é fundamental para o desenvolvimento da resiliência no trabalho.

Portanto, não se trata, em essência, do que você tem no momento, mas do que pode desenvolver, ganhar e encontrar para ajudá-lo a lidar com a mudança e os desafios. Daí uma mentalidade de crescimento. Já a mentalidade fixa sugere que temos um repertório estabelecido de competências, e que isso não mudará muito quando formos adultos. Uma mentalidade de crescimento não se restringe à sala de aula. Podemos trazer esse pensamento para o trabalho. Se acreditamos que temos a possibilidade de sucesso, que podemos pensar diferente e que nossos cérebros estão conectados para facilitar essa mudança, que podemos lidar com dificuldades e contratempos, então será mais provável que o façamos.

Isso está ligado à plasticidade cerebral. Como temos explorado, o cérebro é mais maleável e adaptável do que se pensava anteriormente; as conexões entre os neurônios podem mudar com a experiência e a prática. Podem ser criadas novas redes neurais e reforçadas as vias existentes. A pesquisa neurocientífica reforçou a ligação entre o reconhecimento da possibilidade de mudanças no cérebro, *mindset* e realizações. Portanto, podemos criar um *mindset* de crescimento. Dweck examina as seguintes áreas:

- **Habilidades**
  Um *mindset* fixo sugere que você nasce com certas habilidades e que é pouco provável que isso mude. Um *mindset* de crescimento sugere que o desenvolvimento é possível, com muito trabalho.
- **Desafios**
  Um *mindset* fixo se relaciona com os desafios de maneira cautelosa, apenas se engajando com aqueles cujo sucesso parece garantido. Um *mindset* de crescimento vê um desafio como uma chance de crescer, mesmo que a princípio não se obtenha sucesso.

- **Esforço**
  Um *mindset* fixo vê o esforço como uma qualidade negativa. Se requer esforço e trabalho, então você deveria estar fazendo isso? Um *mindset* de crescimento abraça o empenho, a aprendizagem, o desenvolvimento, a melhoria das capacidades como recompensa pelos próprios esforços.
- ***Feedback***
  Um *mindset* fixo pensa que o *feedback* é muito difícil, já que é recebido como crítica e sentido com muita intensidade. Em um *mindset* de crescimento, o *feedback* é útil, é uma oportunidade para aprender e se desenvolver.
- **Contratempos**
  Em um *mindset* fixo, os contratempos são motivo para perder o foco e culpar os outros. Em um *mindset* de crescimento, eles são um apelo à mudança, uma oportunidade de tomar outro caminho, de trabalhar mais, ou talvez de fazer algo diferente.

Ter um *mindset* de crescimento significa acreditar que as pessoas podem mudar, que elas podem se desenvolver com o tempo. Manter a visão oposta sugere um *mindset* fixo: a suposição de que somos quem somos e que há pouco espaço para movimento ou desenvolvimento.

Um *mindset* de crescimento é um pré-requisito para permitir que o comportamento seja desafiado — não estamos vendo o outro como fixo e imutável, reconhecemos a possibilidade de mudança e desenvolvimento.

SAÚDE MENTAL NO TRABALHO

Como seres pensantes e sencientes, somos suscetíveis a preocupações, ansiedades e medos. O mesmo intelecto que nos permite gerar, planejar e executar ideias também nos permite ter preocupações, "catastrofizar" e imaginar que as coisas vão dar muito errado. No trabalho não é diferente; podemos ser constantemente confrontados com ansiedade ou questões preocupantes, mas nossa esperança é que possamos enfrentar essas preocupações e seguir em frente — para nos permitir virar a página e começar de novo.

Todos precisamos cuidar da saúde mental dentro e fora do local de trabalho. Quando estamos bem física e mentalmente, somos robustos, produtivos e capazes de nos envolver de forma plena na vida e no trabalho. No local de trabalho, em particular, nossa saúde mental pode ser afetada pelo ambiente. Isso pode ser positivo, se formos bem apoiados e se tivermos um lugar flexível e solidário para trabalhar. Ou pode ser prejudicial para a saúde mental, se estivermos passando por um enorme estresse, sob pressão e recebendo apoio inadequado.

Doença mental crônica

Como humanos, em geral, estamos equipados para operar com um grau de ansiedade, preocupação e medo. Mas algumas pessoas sofrem de forma crônica, por exemplo, pessoas com transtorno obsessivo-compulsivo (TOC), ataques de pânico, distúrbios de ansiedade ou transtorno de estresse pós-traumático (TEPT). Para esses, o desenvolvimento do "músculo da resiliência" não costuma ser a resposta habitual.

Nesses casos, a intervenção médica e a ajuda terapêutica são muitas vezes necessárias. Este livro não tenta abordar condições crônicas — se você acredita que possa se encaixar em algum desses quadros, então deve procurar ajuda médica ou recorrer aos centros de cuidados primários.

O trabalho desempenha um papel vital no bem-estar. Pode nos dar propósito e oportunidades para crescermos e nos desenvolvermos, por meio do estímulo à resiliência e à capacidade. Se, no entanto, tivermos alguma questão de saúde mental, uma crise pode ser desencadeada por experiências de trabalho negativas — em especial quando estamos sob estresse extremo, em situações de *bullying*, ou em um ambiente tóxico.

Levamos todo o nosso ser para o trabalho, por isso, se estamos sofrendo com determinado estresse em casa, seja uma perda, uma ruptura de relacionamento, preocupações financeiras, necessidade de cuidar de parentes idosos ou qualquer outra entre uma infinidade de possíveis preocupações, esses estresses e tensões nos acompanham no trabalho.

Todos somos diferentes e lidamos com as tensões de maneiras distintas. Também não somos estáticos, e nossa saúde mental pode flutuar; da mesma forma, nosso bem-estar físico se move em um *continuum*. É vital se preocupar com a saúde mental e reconhecer que é tão importante quanto a física — isso não é opcional. Encontrar alguém com quem falar no seu local de trabalho vai ajudá-lo a se sentir apoiado, em vez de sozinho.

SAÚDE MENTAL NO TRABALHO: SUGESTÕES DE AÇÃO POSITIVA

Criar um ambiente em que os profissionais se sintam confortáveis para falar sobre a própria saúde mental é uma forma eficiente de desestigmatizar os desafios nessa área. Você pode ser a pessoa capaz de fazer mudanças em sua equipe, ou talvez possa levantar as seguintes sugestões para ajudar a criar um ambiente de trabalho mais favorável:

- Fale com os líderes sobre o compromisso com a saúde mental no local de trabalho; você pode apresentar-lhes, por exemplo, o Treinamento de Primeiros Socorros em Saúde Mental.
- Pense no espaço à sua volta. Você tem luz natural? Há algum lugar para conversar com os colegas? Consegue ver a rua? Você poderia trazer um pouco do exterior para dentro, por exemplo, colocando uma planta em sua mesa?
- Você consegue organizar opções de trabalho flexíveis/ágeis para si mesmo ou para sua equipe?
- Existe um Programa de Assistência ao Empregado ou qualquer outra forma de apoiar os colegas no local de trabalho?

Aumentar a resiliência vai ajudá-lo a lidar com o estresse no ambiente de trabalho, mas, para fazer isso, você precisa estar bem. Cuide de si.

A linguagem do cérebro

Você está familiarizado com a terminologia que usamos para falar sobre o cérebro e seu funcionamento? Aqui estão algumas palavras-chave e suas definições amplas.

Tabela 2.1 A linguagem do cérebro

Adrenalina	Hormônio que prepara o corpo para lutar ou fugir. Você pode sentir a "adrenalina bombando" antes de uma grande apresentação ou de um evento importante.
Amídala	Parte do cérebro que detecta ameaças e é responsável pela emoção e pelos instintos de sobrevivência.
Cortisol	Produzido pelas glândulas suprarrenais, é conhecido como o hormônio do estresse. Níveis elevados de cortisol podem debilitar seu estado de espírito e bem-estar.
Dopamina	Um neurotransmissor que contribui para o bem-estar.
Hipocampo	Parte do sistema límbico que controla as emoções.
Sistema Límbico	A parte mamífera do cérebro, que controla as emoções.
Neocórtex	A parte primata do cérebro, onde elaboramos o pensamento superior.
Oxitocina	Hormônio que produz sentimentos de bem-estar, e estimula a cura e a interação positiva.
Sistema nervoso parassimpático	A parte do sistema nervoso que interrompe a excitação e funciona como um freio, relaxando o corpo. A expiração ativa o sistema nervoso parassimpático.
Córtex Pré-frontal	Parte do cérebro localizada atrás da testa, responsável por funções cognitivas superiores, como a tomada de decisões e a autoconsciência.
Reptiliano	O cérebro primitivo que é responsável pelo instinto de sobrevivência e agressão.

Continua

Continuação

Serotonina	Neurotransmissor que contribui para o bem-estar.
SSRIs	Os inibidores seletivos de recaptação de serotonina podem, muitas vezes, proporcionar alívio dos sintomas de angústia e depressão. Esses antidepressivos são capazes de fazer uma enorme diferença ao permitir que as pessoas ajam.
Sistema nervoso simpático	Parte do sistema nervoso responsável pela empolgação, incluindo a resposta de luta ou fuga. A inspiração profunda ativa o sistema nervoso simpático.

O CORPO

Cuidar do corpo para que seja capaz de produzir os neuroquímicos necessários é essencial para a capacidade de criar equilíbrio, gerir o estresse e experimentar bem-estar. Exercícios regulares, mesmo suaves, podem estimular a endorfina e ajudar a fornecer a resiliência mental e o *mindset* "dá para fazer", necessário para enfrentar as dificuldades. A atividade física moderada, como a caminhada cinco dias por semana, incentiva a produção de "hormônios felizes", além de trazer os benefícios do condicionamento físico.

Uma dieta saudável e equilibrada e um bom sono vão construir a nossa resiliência, assim como observar a ingestão de cafeína, tentar parar de fumar, ingerir álcool moderadamente e beber muita água.

O PODER DO SONO

Se fosse oferecido a você um produto que lhe permitisse reiniciar o corpo e o cérebro no modo "saudável", um produto que pudesse ser utilizado diariamente, que fosse adequado para todos os membros da população, acessível e ainda por cima gratuito, seria de se imaginar um apelo mundial e um domínio total do mercado. Bem, as pesquisas sugerem que o sono é a forma mais eficaz de restaurar a saúde do corpo e do cérebro, e é algo que todos podemos acessar a cada dia, em larga escala e de graça.[4] Dormir, grosso modo, é essa droga maravilhosa(!). Milhares de relatórios científicos apoiam o valor do sono para os seres humanos.

Ainda assim, a Organização Mundial da Saúde relata uma epidemia de perda de sono em nações industrializadas[5], e associou o trabalho noturno como um potencial carcinogênico. Se você já teve de trabalhar durante a noite num projeto, e depois precisou continuar a trabalhar no dia seguinte, é provável que tenha experimentado um impacto na capacidade de realizar tarefas complexas, de se lembrar de coisas e de assimilar novas informações. A ausência de sono também tem afeta a resiliência; ficamos mental e emocionalmente mais fracos sem o sustento do sono.

A tomada de decisões é afetada, assim como a estabilidade emocional. Quando ouvimos um bebê ou criança chorando, muitas vezes aqueles que se preocupam com eles explicam que "estão cansados"; como adultos, podemos não gritar como uma criança, mas somos igualmente afetados. Matthew Walker, um neurocientista de renome mundial, apresentou um caso convincente para a ciência do sono e dos sonhos em *Why We Sleep* (2017). Seu apelo urgente é que cada um de nós recupere a noite inteira de sono, e o faça sem vergonha ou constrangimento. Recuperar essa parte poderosa da vida vai auxiliar de modo palpável a capacidade de comportamento resiliente.

A ZONA DE CONFORTO

Quando estamos aprendendo, somos encorajados a dar um passo fora da nossa zona de conforto, a considerar novas ideias, a testar a nós mesmos em um ambiente inédito. Apesar disso, como o nome sugere, há muito para nos manter no nosso lugar seguro. Podemos procrastinar e bloquear esse passo em direção a um desafio maior ou a uma tarefa que pode não ter garantia de sucesso. Podemos, ainda, não falar no trabalho porque tememos parecer tolos ou revelar ignorância sobre algo em que os outros parecem estar bem versados. Ficamos com medo daquilo que desconhecemos, e esse medo pode até levar à paranoia.

Durante a evolução humana, o sistema nervoso floresceu para reconhecer o perigo potencial. Havia duas opções no nosso desenvolvimento: podíamos estar atentos a animais selvagens escondidos, prontos a atacar, mesmo quando não houvesse nenhum animal presente; ou podíamos acreditar que não havia animais perigosos, mesmo quando existisse perigo iminente. Somos a posteridade da primeira categoria.

Desenvolvemos a capacidade de ansiedade desnecessária, porque, em algum momento, essa foi uma garantia de sobrevivência para a nossa espécie. Os da segunda categoria, que não temeram o perigo do ataque iminente, enfrentaram a morte. A nossa paranoia é, portanto, um comportamento adaptativo. Podemos sobrestimar o perigo de muitas coisas, além de, ao mesmo tempo, subestimarmos nossa capacidade de gerir ameaças.

Tendo isso em vista, o sistema nervoso funciona de duas maneiras. Enquanto o sistema parassimpático ajuda a assentar e a nos acalmar, a descansar e a digerir, o sistema nervoso simpático é responsável pela luta ou pela resposta de fuga. O primeiro é um inibidor da excitação (qualquer tipo de excitação física, não apenas sexual), que retarda o metabolismo e relaxa o corpo; o segundo, pelo contrário, é o responsável pela excitação.

Uma boa maneira de diferenciar a forma como o sistema nervoso funciona é pensar na respiração: quando inspiramos profundamente, ativamos o sistema nervoso simpático, quando exalamos, ativamos o sistema nervoso parassimpático. É por isso que, quando fazemos exercícios calmantes, como o "gatilho emocional", proposto no final deste capítulo, expiramos por mais tempo do que inspiramos — para ativar fisicamente esse mecanismo calmante e relaxante.

GATILHOS EMOCIONAIS

As pessoas falam de ocasiões, indivíduos, eventos e até mesmo cheiros que provocam sentimentos de angústia ou ansiedade. (Nota: não estamos discutindo aqui o fenômeno específico e particular dos gatilhos em pessoas com TEPT, mas sim os gatilhos mais gerais, das emoções negativas em um nível cotidiano).

Por exemplo, pode ser que você tenha passado por uma entrevista de emprego difícil, e depois disso imaginou que cada entrevista de emprego seria tão desastrosa quanto a primeira experiência. Nesse caso, sem processar a situação de modo eficaz, mesmo a menção da palavra "entrevista" pode fazer com que você se sinta preocupado, inseguro ou sem esperança. Desencadear associações negativas pode ter um impacto significativo na resiliência — não pelo gatilho, em si, mas pela forma como lidamos com ele. Se evitarmos eventos estressantes, como nunca participar de outra entrevista, as oportunidades nos serão negadas, e poderemos criar uma fantasia de perigo e estresse que limita nossa experiência de trabalho. Nesse exemplo, a pessoa que vivencia as associações de entrevista-negativa jamais vai conseguir um emprego melhor ou progredir na carreira, e pode ficar limitada ao desempenho e felicidade diários, por não conseguir enfrentar nem uma simples discussão sobre entrevistas de emprego (o que é provável num ambiente de trabalho).

Aqui está outro exemplo. Pode ser que você veja um colega que parece ser confiante, brilhante e capaz em todos os sentidos — com quem você se compara de forma depreciativa. Esses sentimentos de inadequação podem ser desencadeados pela sensação de que nunca foi tão bom como o seu irmão, ou de ter sido humilhado nos seus primeiros anos de vida, por não corresponder às expectativas dos seus cuidadores.

Os estímulos emocionais nem sempre nos levam a duvidar de nós mesmos; também podem nos fazer sentir raivosos e agressivos. Podemos nos precipitar por causa do tom de uma pergunta, ou nos sentir enfurecidos e menosprezados por um pequeno gesto. Quando você mesmo experimentar isso, esteja ciente de que expressar a raiva ou a fúria sempre trará consequências. As coisas ditas não podem ser "desditas", e haverá custos. Pense no que a raiva pode estar escondendo: você está machucado? Ou será que a atividade que provocou essa resposta o faz se sentir particularmente vulnerável? Quando outros expressarem raiva, tenha em mente que também podem estar escondendo sentimentos de vulnerabilidade ou dor.

Veja o exemplo de um gerente recém-promovido, que está presidindo a reunião de sua primeira equipe. Eles chegam à reunião ansiosos e ameaçados. Também estão conscientes de si mesmos e não querem parecer apreensivos nem nada além de à vontade. O candidato que não conseguiu o cargo de gerente também está na reunião. Na mente do gerente, há medo de ataque, dúvidas sobre sua adequação e apreensão de iniciante. Esse pensamento precisa ser processado. Nesse exemplo, o gerente poderia repetir as garantias internamente: você está basicamente bem, conseguiu o trabalho, foi escolhido como o candidato certo.

Você pode não ser perfeito, mas vai aprender, tudo está bem. Para o novo gerente, deixar de ter medo e reconhecer que não há necessidade de se sentir tão assustado vai ajudá-lo a obter um melhor desempenho. Caso você se encontre em uma situação semelhante, entender que isso pode desencadear sentimentos de insegurança pode ser útil, porque significa que você consegue pensar nisso com antecedência, e preparar quaisquer ferramentas que acalmam e aumentam a confiança necessária.

Outro cenário possível é ter trabalhado duro em um projeto, com dedicação até altas horas, para enviar algumas ideias ao seu gerente. Em vez de mostrar apreciação por seus esforços, ele olha para seu trabalho e aponta as falhas no que você fez. De repente você fica furioso. Essa raiva está provavelmente ligada à sua decepção com a reação do seu gerente e ao fato de ele não reconhecer o seu empenho e compromisso. Se você se encontrar em uma situação como essa, anote sua reação e perceba o que está na raiz desses sentimentos. Isso será muito mais produtivo do que ficar remoendo araiva ou reagir com agressividade. Há um exercício no final do capítulo para ajudá-lo com isso.

Quando o nosso sistema nervoso se sobressalta, o corpo responde com um jato de adrenalina que ajuda a preparar o sistema de defesa natural — o de luta ou fuga. Se formos bombardeados, vez após vez, por crises e estresse, nossa capacidade de lidar com as crises ficará reduzida. Mesmo assim, é possível fortalecer a inteligência somática, que é a chave para a capacidade de construir resiliência e lidar com as adversidades. Inteligência somática significa, em essência, a capacidade de compreender como o corpo responde ao perigo, e de usar essa compreensão para saber como reagimos em uma crise; em uma frase, serve para acalmar o sistema nervoso.

Podemos reconhecer quando caímos nesse estado assustador: as pupilas dilatam e o sistema imunológico é reprimido. O coração acelera, os músculos ficam tensos, podemos suar, ficar ruborizados, e a respiração pode ficar mais rápida e mais superficial. Menos óbvia pode ser a diminuição da digestão, que leva a dores de estômago ou à indigestão.

Se sentimos uma ameaça à nossa segurança pessoal, uma resposta de sobrevivência e uma reação de estresse agudo podem ser desencadeadas, mas o corpo regressa rapidamente ao normal. Quando abrimos uma porta e vemos um vulto vindo em nossa direção, podemos saltar, mas logo nos recuperamos. Uma reação de estresse crônico pode ser desencadeada em um nível mais baixo; podemos não saltar de medo, por exemplo, mas o estresse permanece ativo durante um período mais longo, o que permite o acúmulo de toxinas.

Essas reações crônicas podem ocorrer quando estamos trabalhando em um ambiente muito difícil e exigente durante longas jornadas, talvez privados de sono, com pouco apoio e enquanto cuidamos de forma inadequada das nossas necessidades físicas e mentais.

Há uma noção útil para nos prepararmos para adaptar nosso estado fisiológico a fim de lidar com crises ou desafios. Isso é conhecido como "*priming*" e remete à maneira como treinamos o cérebro para nos sentir de determinada forma.

Essa é uma atividade que fazemos antes de um evento, para nos preparar para o que estamos prestes a enfrentar, para que possamos dizer a nós mesmos que não importa o que aconteça, vamos permanecer calmos. Poderíamos repetir algumas afirmações positivas antes de entrarmos em uma reunião de clientes para a qual estamos bem preparados, mas nervosos; poderíamos dizer a nós mesmos: "Estou bem preparado", "Sou a pessoa certa para conduzir esta reunião". Esse comportamento de preparação ajuda a liberar oxitocina no cérebro e dá uma sensação de bem-estar para o que quer que estejamos prestes a enfrentar.

CRIATURAS RACIONAIS VS EMOCIONAIS

Descartes afirmava, como é bem sabido, "penso, logo existo", sugerindo que, acima de tudo, os seres humanos são criaturas racionais. Todavia, não se pode preterir a noção de que os nossos "eus" emocionais conduzem as decisões com base em desejos e sentimentos. Na verdade, temos um cérebro de sistema duplo. O trabalho de Kahneman e Tversky (2011), vencedor do Prêmio Nobel e intitulado *Thinking, Fast and Slow*[6], ilustrou como um dos sistemas do cérebro é rápido, emocional e instintivo, enquanto o outro é lento, calculista e deliberado. O elemento rápido do cérebro nos permite responder com agilidade a situações de perigo imediato. Como demonstramos, essas respostas instintivas permitiram que nossos antepassados sobrevivessem. O elemento lento nos obriga a pensar nas coisas de forma cautelosa e deliberada, antes de agir.

No mundo de trabalho contemporâneo, ficamos apegados aos colegas e presos a determinadas formas de fazer as coisas, o que nos torna dependentes das pessoas que nos conduzem. Nosso sistema de pensamento pode nos fazer sentir instintivamente defensivos e protetores de tais relações. Pode também nos fazer sentir agressivos, irritados, invejosos e vingativos — respostas destrutivas no local de trabalho, onde existe a capacidade de adotar o sistema dois de pensamento — pensar lentamente e refletir sobre as consequências das nossas ações — é muito importante.

CÉREBROS RESISTENTES E CORPOS RESILIENTES

Esta é a chave do sucesso: pessoas resilientes são as que melhor cuidam de seus cérebros e corpos. Elas reconhecem que a possibilidade de desenvolvimento e mudança está lá. Fazem o que podem para garantir que estejam descansadas e nutridas.

Quando nos sentimos menos resilientes, é importante desenvolver hábitos que nos ajudem a lidar com o aumento da carga, que nos permitam fazer um balanço de quando nossas respostas estão passando de uma pressão saudável para um estado de estresse persistente. Dê uma olhada em alguns dos exercícios abaixo — algum deles poderá ajudá-lo a desenvolver um melhor autocuidado do cérebro e do corpo, para que você se torne uma pessoa mais resiliente.

Construa um corpo resiliente

Existem ferramentas à nossa disposição para construir um corpo mais forte e mais resiliente. Elas também são facilmente acessíveis para a maioria de nós. Exercícios regulares, meditação e massagem foram alternativas bastante pesquisadas, e se confirmou que reduzem os hormônios do estresse; por isso, este exercício é para chamar atenção às suas necessidades físicas. Você pode, por exemplo, fazer uma caminhada de 15 minutos durante o intervalo do almoço? Meditação — há algum lugar aonde possa ir para uma reflexão tranquila durante o dia? Um banco de jardim? Um lugar silencioso para ter até 10 minutos de pausa meditativa? Massagem — você tem o recurso/tempo/dinheiro que lhe permite se beneficiar desse método de redução do estresse?

Atenda às suas necessidades físicas

1. Escolha uma das seguintes categorias:
   - exercício;
   - dieta;
   - meditação;
   - massagem.
2. Escreva uma mudança na categoria escolhida que você colocará na sua vida.
3. A que você se compromete este mês?
4. Você consegue adicionar outra categoria no próximo mês?

Exemplos de compromissos para construir um corpo de resiliência

- Exercício — Eu me comprometo a caminhar durante 15 minutos todos os dias.

- Dieta — Eu me comprometo a beber oito copos de água por dia.
- Meditação — Eu me comprometo a baixar um aplicativo de meditação e a meditar durante 10 minutos, três vezes por semana.
- Massagem — Eu me comprometo a fazer massagem uma vez por mês.

Você tem a capacidade de regular suas emoções, cuidando de si mesmo através de um dos métodos sugeridos acima. Mas a consistência é importante: não há dúvida de que, com qualquer mudança ou alteração de comportamento, as abordagens regulares e consistentes são mais eficazes. Lembre-se: para que novas redes sejam estabelecidas no cérebro, elas precisam acontecer várias vezes, até que sejam consolidadas e um novo normal seja estabelecido.

Você tem *mindset* fixo ou de crescimento?

O trabalho de Carol Dweck sobre *mindset* nos ajuda a considerar onde encontramos dificuldade de mudança. Considerando cada uma destas categorias, reveja onde você está em relação às habilidades, desafios, esforço, *feedback* e contratempos.

Tabela 2.2 *Mindset* Fixo *vs* de Crescimento

Habilidades Um *mindset* fixo sugere que você nasce com certas habilidades e que é pouco provável que isso mude. Um *mindset* de crescimento sugere que o desenvolvimento é possível, com muito trabalho. *Eu sou...*
Desafios Um *mindset* fixo se relaciona com desafios de forma cautelosa, somente se engajando quando tem garantia de sucesso. Um *mindset* de crescimento vê um desafio como uma chance de crescer, mesmo que a princípio não se obtenha sucesso. *Eu sou...*

Continua

Continuação

Esforço

Um *mindset* fixo encara o esforço como uma qualidade negativa; se requer esforço e trabalho, então você deveria estar fazendo isso? Um *mindset* de crescimento abraça o esforço, a aprendizagem, o desenvolvimento e o aperfeiçoamento de suas habilidades como uma recompensa pelos seus esforços.

Eu sou...

Feedback

Um *mindset* fixo considera o *feedback* algo muito difícil; ele é profundamente recebido como crítica. Em um *mindset* de crescimento, o *feedback* é útil e é uma oportunidade de aprender e de se desenvolver.

Eu sou...

Contratempos

Num *mindset* fixo, os contratempos são motivo para desânimo e culpa. Num *mindset* de crescimento, eles são um apelo à mudança, uma oportunidade de tomar outro caminho, a fim de trabalhar mais ou talvez fazer algo diferente.

Eu sou...

Recupere-se através do sono

Tente adotar estes bons e simples hábitos. Se você não conseguir um período regular de sete horas de sono, tente mudar sua relação com o problema das seguintes formas:

- Evite estimulantes como a cafeína e a nicotina. Eles podem levar até oito horas para ser metabolizados pelo nosso corpo e dificultam o sono.
- Apesar de uma bebida noturna parecer convidativa, o álcool pode privá-lo do sono profundo. Pode até ser relaxante, mas não lhe dará a oportunidade de um sono mais profundo e reparador.

- Comer uma refeição pesada antes de dormir pode causar indigestão e interromper o sono.
- Relaxe antes de dormir. Prepare-se com um banho quente, por exemplo, que costuma ajudar a chamar o sono. Ou você pode preferir ler ou escrever um resumo do seu dia.
- Deixe seu telefone e *laptop* do lado de fora do quarto. Permita-se ficar desconectado e livre de distrações.
- Crie um horário de sono. Os seres humanos são criaturas de hábitos, por isso, com o sono, como com qualquer outro hábito saudável, devemos apontar para um padrão regular. Parece contraintuitivo, mas tente colocar um alarme para *ir* para a cama!
- Observe o quanto você se sente melhor com um sono regular e tranquilo. Faça com que isso seja importante.

Acalme os nervos

Por vezes, a resiliência pode ser testada devido a uma sensação de ansiedade avassaladora. Pode ser desencadeada por uma análise de desempenho, ou mesmo pela antecipação de *feedback* sobre uma determinada parte da nossa avaliação. Podemos entrar em uma sala de conferência e perceber que todos os outros estão segurando papéis que ainda não vimos. Ou podemos sentir que todos são muito mais velhos que nós, ou que estão conectados, enquanto estamos um pouco sozinhos.

Por qualquer razão — e para cada um de nós será algo diferente —, podemos sentir pânico e ansiedade no trabalho. Este exercício é adaptado de uma abordagem de Linda Graham (2013), psicoterapeuta e professora de meditação.[7]

Acalme a sua ansiedade

Na medida do possível, encontre um espaço calmo e relativamente privado.

1. Coloque a mão no coração.
2. Respire fundo.
3. Expire mais tempo do que inspira — você pode contar para perceber isso.
4. Permaneça com a sensação de segurança.
5. Mantenha sua mão no peito e pense em um momento em que se sentiu seguro, conectado e à vontade.
6. Fique nessa posição por 30 segundos.

Esse simples exercício vai liberar oxitocina: um hormônio que nos faz sentir seguros e calmos. É um antídoto para o cortisol, liberado quando estamos estressados e pressionados. Se você não tem espaço para realizar esse exercício, pode simplesmente tentar esfregar a parte de trás do pescoço; isso também libera oxitocina para o cérebro e pode ser feito sutilmente, para acalmar a sensação de estresse.

NOTAS FINAIS

1 Doidge, N. *The Brain that Change Itself: Stories of personal triumph from the frontiers of brain science*. Londres: Penguin, 2007.

2 Your Brain at Work, *Harvard Business Review*. Disponível em: https://hbr.org/2013/07/your-brain-at-work

3 Dweck, C. *Mindset: The new psychology of success*. Nova York: Random House, 2006; *Mindset: How you can fulfill your potential*. Londres: Constable & Robinson, 2012.

4 Walker, M. *Why We Sleep*. Londres: Penguin, 2017.

5 OMS, *Sleepless in America*, National Geographic. Disponível em: http://www.mysleepneamd.com/blog/sleepless-america-excellent-nationalgeographic-documentary-obstructive-sleep-apnea (arquivado em: https://perma.cc/BM66-2QLF)

6 Kahneman, D. *Thinking, Fast and Slow*. Londres: Penguin, 2011.

7 Graham, L. *Bouncing Back: Rewiring your brain for maximum resilience and well-being*. Novato: New World Library, 2013.

3

Abaixo da superfície

Gostaríamos de imaginar que a vivência no ambiente de trabalho é sempre organizada, simples e objetiva. No entanto, a condição humana está repleta de fragilidade e imperfeição, e essas vulnerabilidades estão (naturalmente) presentes na vida profissional, bem como nas famílias e nas relações. Há uma miríade de emoções, motivações, inseguranças e impulsos que mantemos escondidos dos colegas e, por vezes, até de nós mesmos.

Estamos sob pressão para ter uma boa performance, muitas vezes em alta velocidade e, ao mesmo tempo, lidando com novas tecnologias e mudanças de pessoal. Essas demandas podem impor dificuldades àqueles que tentam moderar sua condição humana, quer sejam gerentes e líderes no trato com colegas e equipes, quer sejam fornecedores construindo relações com clientes.

O objetivo deste capítulo é aumentar sua consciência sobre os processos inconscientes, para que possa observar sua vida cotidiana no trabalho e seu comportamento. Com isso, é possível considerar:

"o que mais pode estar acontecendo?" Vamos examinar algumas ideias centrais — baseadas no pensamento de Sigmund Freud — que nos ajudarão a examinar o trabalho em profundidade. Vamos considerar o inconsciente, os mecanismos de defesa e a parte interna de nós mesmos que requer investigação cuidadosa. Uma maior autoconsciência e compreensão nos ajudará a ser mais resistentes, a entender onde nossos medos e ansiedades estão enraizados, e a encontrar uma maneira de trabalhar em meio às preocupações.

O INCONSCIENTE NO TRABALHO — O QUE MAIS ESTÁ ACONTECENDO?

É fácil supor que vemos tudo o que há para ser visto. Que certos comportamentos e ações que observamos são a soma de eventos testemunhados. Por exemplo, vemos que um gerente parece ignorar a contribuição de um colega em uma reunião. Ou, talvez, ele sempre olhe para a mesma pessoa em busca de respaldo. Aqui, podemos ser rápidos em assumir que ele está agindo de modo inadequado, ou "mal", e não está dando um bom exemplo. Embora esse possa ser o caso, pode haver muitas outras razões para tais ações. O que podemos *não* ver ou compreender são as motivações inconscientes que levam o gestor a agir dessa forma.

Talvez tenha inveja das ideias do colega ignorado, ou não consiga acatar suas sugestões, já que são fora do comum e inesperadas. Talvez, ainda, ele sinta que, como gerente, é sua obrigação apresentar todas as "boas" ideias.

Quando estamos no lado receptor de tais projeções inconscientes, pode ser difícil não levar isso para o pessoal e nos culpar. Talvez assumamos que não estamos sendo assertivos, ou que nossas ideias não são boas o suficiente, ou qualquer autoavaliação degradante. Isso pode nos causar estresse e nos fazer sentir menos do que merecedores. Podemos acabar questionando a nossa capacidade.

MUNDO INTERIOR E EXTERIOR

É importante lembrar que, na verdade, revelamos *muito pouco* de nós mesmos em nossas interações, no trabalho e na comunicação. A maior parte de quem somos está escondida sob a superfície, no subconsciente. Essas partes de nós mesmos podem, com cuidadosa consideração e tempo, ser compreendidas e trazidas à superfície. Além disso, enterrados de forma ainda mais profunda, no *inconsciente*, estão os valores e as vozes interiores que definem nossas relações-chave. Formados em nossas primeiras relações, esses elementos íntimos, segundo o trabalho de Freud, apenas são aliviados após intensa investigação, prestando muita atenção aos sonhos, aos atos-falhos e, talvez, como resultado de uma intensa pesquisa psicanalítica.

A PERSPECTIVA PSICODINÂMICA

A *perspectiva psicodinâmica* — noção de que nossos mundos internos impactam nosso mundo externo e vice-versa — está enraizada no trabalho de Sigmund Freud. Apesar do pensamento de Freud entrar e sair de moda, e ter sido desafiado por seu estilo paternalista ou antiquado, suas ideias foram revolucionárias. Portanto, sua influência em nossa cultura e visão de mundo é pioneira e permanece presente. A teoria psicanalítica tem sido útil na exploração da dinâmica de grupo, liderança e normas de comportamento; também tem um enorme potencial para destacar comportamentos ocultos e oferece valiosos *insights* sobre o mundo do trabalho.

Freud, é claro, não foi o único que nos encorajou a entrar em contato com nosso eu interior; mas o estudo do inconsciente começa com ele. Por isso, o pensador está no centro das atenções. Então, a partir dessa base, vamos examinar o inconsciente e outros conceitos, como as defesas psicológicas: ideias extraídas da psicanálise, que fornecem uma janela útil para o mundo do trabalho.

O MODELO ICEBERG DA CONSCIÊNCIA HUMANA

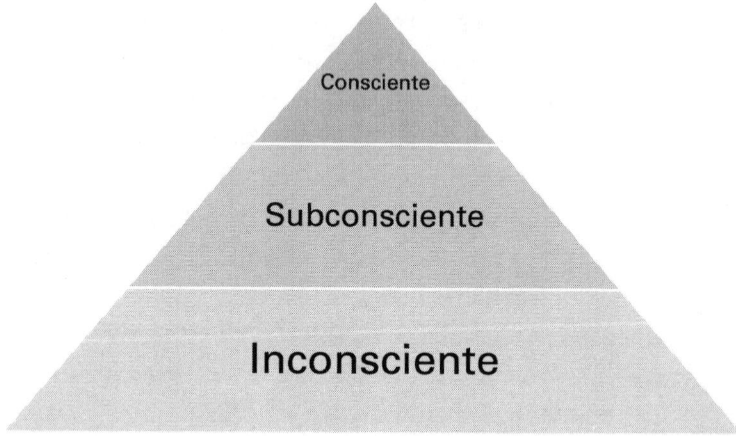

Figura 3.1 *O modelo* iceberg *da consciência humana*[1]

O modelo demonstra o quão pouco de nós mesmos é revelado nas interações diárias — se o triângulo é uma personalidade inteira, apenas a ponta do *iceberg* (o ponto marcado como "consciente") é aquilo de que temos consciência e que revelamos conscientemente a cada dia. Esse modelo também destaca que há uma diferença entre o *subconsciente* e o *inconsciente.*

O subconsciente pode ser acessado com mais facilidade — com um exame cuidadoso, podemos extrair as coisas que estão pairando logo abaixo da superfície, e entender o que pode estar nos motivando ou fazendo com que sejamos particularmente emotivos.

O inconsciente, porém, é outra história. A imagem popular — do iceberg com a ponta revelando nossas mentes conscientes e a grande área expansiva sob a água demonstrando nosso inconsciente — é reveladora. Há muito mais debaixo d'água do que acima, e, mesmo assim, essa é a base do que revelamos ao mundo. Muito do que é retido no inconsciente consiste em memórias reprimidas da infância.

Essas memórias reprimidas não desapareceram; continuam a fazer parte de nós. Portanto, se nos sentimos inseguros, invejosos, negligenciados ou abandonados no início da vida, essas experiências ficam conosco muito tempo depois, enterradas no eu inconsciente. Quando o sentimento, por exemplo, de rejeição ou abandono é desencadeado mais tarde na vida, podemos associar essa memória às primeiras experiências, reencenando a resposta emocional enterrada de forma tão profunda em nós.

PSICANÁLISE

A psicanálise olha para as dimensões inconscientes do *pensar*, *sentir* e *agir*, e essa abordagem não é apenas útil ao ambiente clínico. A teoria psicanalítica pode nos ajudar a compreender melhor nosso dia a dia, inclusive no trabalho. O que quero dizer com psicanálise, e o que ela pode nos oferecer para entender a resiliência? A psicanálise é tanto teoria como prática. A psicanálise como *teoria* é o corpo de trabalho derivado dos escritos de Sigmund Freud.

Esse trabalho pressupõe a existência de um *inconsciente dinâmico*. A psicanálise como *prática* refere-se à prática clínica da análise (uma pessoa que se submete à psicanálise) e ao encontro com o psicanalista (o profissional), que acontece em numerosas ocasiões ao longo de um período de tempo contínuo. Também é frequentemente chamada de "a cura pela fala". Há variações na prática psicanalítica, mas todas derivam do trabalho de Freud e se baseiam na suposição de que há ideias e pensamentos escondidos da mente consciente, e que são trazidos à tona através da prática da psicanálise.

Por que isso é relevante? Bem, como mencionei antes, o pensamento e as contribuições psicanalíticas podem trazer uma profunda visão sobre nosso entendimento, tanto das organizações, quanto de nós mesmos *dentro* dessas organizações. A vida profissional, como já dissemos, inclui o eu consciente, assim como o inconsciente, já que — como em todos os aspectos da vida — ambos trabalham lado a lado.

A interação entre as dinâmicas consciente e inconsciente no trabalho pode ser vantajosa, produtiva e eficaz para nós, ou essas forças podem estar em desacordo, criando estresse, medo, ansiedade e grande ineficiência.

Explorar as motivações e os padrões de comportamento inconscientes — por meio de compreender se o consciente e o inconsciente trabalham a nosso favor ou contra nós, e o porquê disso — pode nos ajudar a lidar melhor com as fragilidades e a perdoá-las. Em outras palavras: essa compreensão nos ajuda a ser mais resilientes.

O Id, o Ego e o Superego

Para Freud, há três elementos na personalidade: o *Id*, o *Ego* e o *Superego*:

- O **Id** é a primeira parte formada na personalidade e é a fonte do comportamento de condução. É primitivo e básico, compreendendo todos os impulsos e desejos que poderiam *não ser socialmente aceitáveis se agíssemos de acordo com eles sempre que quiséssemos*.
- O **Ego** surge mais tarde e tem um impacto moderador sobre o Id, refreando os impulsos e nos forçando a lidar com os desejos de forma mais realista e aceitável em sociedade.
- O **Superego** representa as regras internas, o guia pessoal, com requisitos e valores internalizados dos pais e da cultura. Essa parte da personalidade procura fazer com que nos comportemos de forma socialmente aceitável.

NOSSAS VIDAS INCONSCIENTES

De acordo com o trabalho de Freud, temos *vidas inconscientes*, e essas vidas inconscientes influenciam a forma como nos comportamos no trabalho. Freud adotou o termo *inconsciente* de várias maneiras: como um estado de uma ideia ou sentimento, como um sistema e também como um lugar na mente, com conteúdo reprimido. Existe a possibilidade de se acessar algumas partes do inconsciente, enquanto outras são suprimidas ou negadas.

No cerne, a visão psicanalítica do trabalho é influenciada por *preconceitos inatos*. Esse termo, cunhado pelo psicanalista britânico Bion (1959)[2], diz que as relações profissionais, as atitudes com os grupos e com a vida organizacional são influenciadas pelas primeiras relações na vida familiar. Assim, quando perdemos o emprego ou não conseguimos a promoção que esperávamos, isso afeta não só o nível externo, mas *também o nosso mundo interno*. Para compreender a forma como nossas primeiras experiências de vida impactam as relações cotidianas atuais, é preciso prestar alguma atenção à *transferência* e à *projeção*, e isso de modo mais particular para aqueles que ocupam posições de autoridade.

Transferência

A transferência é um fenômeno muito útil. Primeiro identificado no processo terapêutico, pode ser detectado em todos os tipos de encontro e relacionamentos. A transferência ocorre quando a resposta a um indivíduo e a uma situação se baseia na própria experiência e em encontros passados. Fazemos isso de modo inconsciente, e por isso nem sempre é algo fácil de identificar. Muitas vezes, somos agitados em algum nível por um indivíduo ou experiência, que nos faz lembrar de um encontro formativo passado — isso pode ocorrer, por exemplo, quando interagimos com novas situações ou pessoas em posição de autoridade. Esses ambientes podem nos recordar experiências anteriores, que depois replicamos na transferência.

Por exemplo, talvez você tenha ficado nervoso e corado numa reunião de diretoria para a qual estava bem preparado e tinha competência para participar. Mas algo na forma como o diretor falou com você desencadeou a experiência do diretor da sua escola primária, que (na sua opinião) o humilhou. Em termos cognitivos, você, então, espera passar, na sala de reuniões, pela *mesma experiência* que viveu na sala de aula. Mas há boas notícias: depois de identificar o que pode estar acontecendo, é possível se preparar melhor para um próximo encontro.

Projeção

A projeção ocorre quando atribuímos nossos pensamentos, sentimentos e respostas a outra pessoa, para que coisas que nos fazem sentir desconfortáveis, culpados ou agressivos possam ser projetadas no outro. Por exemplo: você pode sentir ódio por um colega (por qualquer razão), mas não sente que é aceitável sentir ódio. Então, resolve esse dilema decidindo que *ele odeia você.*

Podemos aplicar esse modelo de atribuição a qualquer emoção — incluindo a raiva e a angústia. Podemos acusar o outro de estar com raiva quando nós mesmos estamos fumegando, ou podemos dizer que alguém está sendo muito emotivo quando nós mesmos estamos transbordando de emoção e sentimento. A projeção nos permite fugir de uma visão desagradável de nós mesmos e, em vez disso, depositá-la em outras pessoas.

DEFESAS PSICOLÓGICAS (MECANISMOS DE DEFESA)

Como humanos, precisamos saber que estamos protegidos e seguros. É uma necessidade psicológica básica; esse sentimento de segurança é fundamental para a nossa capacidade de florescer, e se estabelece nos primeiros anos de vida, formado pela maneira como nos relacionamos com os nossos pais/responsáveis. Sentir que a segurança está ameaçada — não importa se essa é uma sensação consciente ou inconsciente, bem como se a ameaça é física, emocional, mental, racional ou irracional — nos leva à ansiedade.

Temos muitas formas de lidar com a ansiedade, chamadas de defesas psicológicas ou mecanismos de defesa. Essas são apenas as *nossas* formas de lidar com as coisas, e não são nem boas nem más, por si mesmas. Os mecanismos de defesa nos ajudam a enfrentar problemas, a permanecer em trabalhos estressantes, a cumprir prazos e a gerir equipes — e podem ser muito úteis. Podem reduzir a ansiedade; podem fornecer ferramentas para lidar com tudo isso.

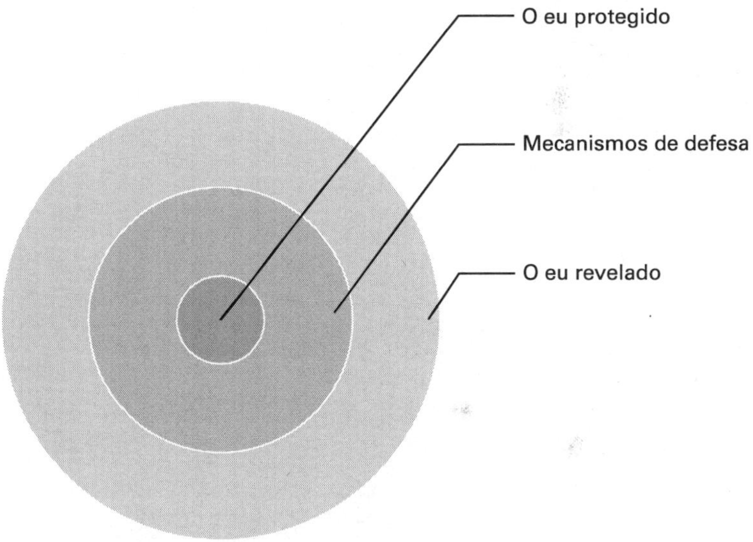

Figura 3.2 ***O eu revelado e o eu protegido***

É importante notar como respondemos à ansiedade, e como reconhecer padrões de comportamento. Há um perigo em criar "pontos cegos" na forma como nos comportamos. Por exemplo, se eu ficar tão acostumada a enterrar a cabeça na areia quando recebo más notícias, a ponto de não ter consciência do que faço, ou de não ter controle da minha reação, então posso causar danos para o futuro da minha equipe e do local de trabalho. Em vez disso, preciso reconhecer que tenho tendência a fazer algo assim — é um dos meus mecanismos de defesa —, e isso me ajudará a enfrentar situações difíceis e a encontrar formas alternativas de lidar com isso, quando for necessário.

Um exemplo de ponto cego

Veja o caso do líder profundamente comprometido, mas introvertido. Esse líder está tão interessado em ouvir com atenção as questões de todos, e em se concentrar intensamente no que está sendo dito, que fecha os olhos quando você fala. Essa é a maneira como ele se concentra para escutar. O resultado disso é uma troca desconcertante para você, mesmo quando a intenção era oferecer um tempo limitado e exclusivo para realmente ouvi-lo — no entanto, você se sente excluído e confuso por esse comportamento.

O ponto cego do gestor, fechar os olhos quando ouve alguém, atrapalha a comunicação eficaz. A ação destinada a elevar a troca de comunicação, na verdade, é um dificultador. Essa atitude significa que o líder, ao pé da letra, não consegue ver o impacto de seu estilo de comunicação bem-intencionado, porém perturbador. Há um exercício para encontrar seus pontos cegos no final do capítulo.

A janela Johari[3]

A janela Johari foi desenvolvida pelos psicólogos Joseph Luft e Harrington Ingham, em 1955. Eles criaram esse modelo como um método para ajudar as pessoas a compreenderem melhor sua relação consigo mesmas e com os outros; mas também pode ser uma forma útil de desenvolver a resiliência.

Se, por exemplo, você se vê como alguém que não sabe lidar com a mudança, você pode evitar situações que o afetam. Mas quando você consegue desenvolver uma estratégia eficiente para lidar com cenários novos, percebe que tem a força e a capacidade de se adaptar — talvez precise apenas de outras pessoas para identificar o que você não é capaz de ver em si mesmo. Podemos ficar presos a uma narrativa de identidade, e ignorar a forma como mudamos e evoluímos.

1. No primeiro quadrado da janela, podemos dispor aquelas coisas que são conhecidas por nós e pelos outros; coisas que são mais acessíveis. Isso pode estar relacionado com habilidades técnicas e práticas, ou com qualidades conhecidas, nas quais nos sentimos à vontade e que são reconhecidas por outras pessoas.
2. Localizadas no segundo quadrado estão coisas que não conhecemos, mas que são óbvias para os outros; esse é o lugar dos pontos cegos.
3. O terceiro quadrado é o do eu escondido; nós o conhecemos, mas não queremos revelar essa parte de nós mesmos.
4. O quarto quadrado é a parte de nós mesmos que está profundamente enterrada em nosso inconsciente; nem nós, nem aqueles ao nosso redor conseguem ver isso.

	Conhecido por você	Não é conhecido por você
Conhecido pelos outros	1	2
Não é conhecido pelos outros	3	4

Figura 3.3 ***A janela Johari***

É claro que os mecanismos de defesa não funcionam apenas na vida profissional; são evidentes nos relacionamentos, nas famílias, nas comunidades e na capacidade de desenvolver a autoconsciência.

Ao longo da vida, incluindo a vida profissional, processaremos a dor, confrontaremos as nossas preocupações e lutaremos para lidar com os desafios e ansiedades. Todos temos mecanismos de defesa em que confiamos para lidar com as questões emocionais sensíveis que enfrentamos. Por mais que nos esforcemos a fim de compreender qual possa ser nossa abordagem específica para lidar com a ansiedade e o estresse, é inevitável contarmos com mecanismos de defesa para nos ajudar a assimilar e a lidar com as coisas. A esperança é que, com o tempo e com uma maior autoconsciência, consigamos nos tornar mais autoconfiantes e navegar com mais facilidade pelos nossos mecanismos de defesa.

Também vale a pena lembrar que todas as pessoas que encontramos, mesmo quando parecem estar superconfiantes e à vontade, também enfrentam as próprias questões. Não estamos sozinhos.

PERIGO NO EXTERIOR, PERIGO NO INTERIOR

Enfrentar o perigo do exterior pode ser assustador e desafiador. Experimentamos o medo de várias maneiras, que podem ser relacionadas com bastante facilidade — trocamos de faixa para evitar um motorista perigoso, desviamos para evitar um soco, asseguramos que estamos isolados de condições meteorológicas extremas, e assim por diante.

No entanto, quando o perigo que enfrentamos vem de *dentro*, não pode ser evitado: não importa para onde viremos ou o que façamos; ele estará conosco. A força psicológica pessoal depende da capacidade de reunir uma variedade de mecanismos que nos permitam lidar com frustrações, fracassos e desapontamentos.

As defesas do ego, propostas inicialmente por Freud, foram desenvolvidas por sua filha, Anna Freud, em *The Ego and the Mechanisms of Defence* (1937, 1966).[4] Nesse trabalho, ela elaborou e construiu sobre as ideias originais do pai, e muitos outros psicanalistas acrescentaram as próprias ideias sobre as defesas do ego, como uma forma de entender nossa resposta ao sofrimento e à dificuldade. Usamos essas estratégias psicológicas para nos proteger de pensamentos e sentimentos que consideramos inaceitáveis.

Os diferentes mecanismos de defesa que podemos empregar incluem:

- repressão — enterrar sentimentos dolorosos;
- negação — não reconhecer as emoções;
- racionalização/intelectualização — análise e pensamento em vez de sentimento;
- sublimação — traduzir o sofrimento em atos criativos;
- culpar-se — culpar a si mesmo;
- clivagem;
- regressão — voltar à infância.

Vejamos como cada um deles se relaciona com a resiliência.

MECANISMOS DE DEFESA NO TRABALHO

REPRESSÃO

Uma maneira comum de lidar com coisas que parecem impossíveis de suportar é **reprimir** essas emoções e sentimentos; literalmente, empurrá-los para dentro do inconsciente, de modo que não interfiram nas atividades diárias. Podemos ser muito habilidosos nesse enterro de emoções difíceis! Podemos, inclusive, resistir a abandonar nossa prática particular de repressão — é por isso que, muitas vezes, há uma grande recusa à terapia e à mudança.

A repressão coloca pensamentos e sentimentos incômodos em áreas inacessíveis da mente. Quando não conseguimos lidar com as coisas, nós as afastamos — a esperança é de que as esqueçamos ou de que as emoções apenas desapareçam. O nível de "esquecer" pode ser qualquer coisa, desde um simples "estacionamento", a curto prazo, de pensamentos difíceis (por exemplo, pôr de lado as emoções depois de uma reunião difícil, para lidar com elas quando chegar em casa à noite), até uma ansiedade profundamente enterrada.

É importante entender que as memórias enterradas não desaparecem, por mais fundas que estejam, e por vezes podem acumular-se e causar comportamentos disfuncionais. Segundo Freud, as memórias reprimidas aparecem nos sonhos e nos atos-falhos (é isso que significa o termo "deslize freudiano").

Por exemplo, talvez você se sinta extremamente decepcionado, rejeitado e magoado por não ter sido selecionado para um projeto de trabalho ou uma promoção. Talvez esses sentimentos sejam tão difíceis de enfrentar que você os reprima — talvez a rejeição o tenha lembrado de uma época em que você foi rejeitado na infância, ou de outras lembranças dolorosas do início da vida. Quando alguém pergunta se está confortável com a decisão de não incluí-lo na equipe, você sorri e responde com um sorriso alegre: "claro que sim!", como se a questão não existisse.

NEGAÇÃO

Um dos mecanismos de defesa mais simples é a **negação**. Aqui, nós nos recusamos a admitir a verdade sobre algo. Isso fica ainda mais claro no caso das crianças: imagine uma criança com o rosto todo sujo de chocolate, então alguém pergunta a ela: "Você comeu o chocolate?" "Não, eu não comi!"

Nos adultos, a negação costuma aparecer em momentos de perda súbita e inesperada. Equipes de hospitais testemunham, em seu cotidiano, pessoas negando a morte de um ente querido: "Não pode ser verdade." Além disso, a negação aparece com frequência nos casos de vício. É comum alcoólatras que negam que têm um problema dizerem: "Posso parar quando quiser."

Essa negação também pode ocorrer quando não conseguimos enfrentar a decepção, a rejeição, o estresse, a intimidação e o assédio. Pode ser difícil suportar a dor que sentimos, e por isso fingimos que ela não existe. Mas isso não faz com que a dor desapareça. Aconteceu, faz parte de nós... E por isso a negação proporciona apenas um adiamento temporário do sofrimento. Reconhecer a dor e entender por que nos sentimos tão rejeitados nos ajudará a desenvolver uma resposta mais autêntica e de longo prazo a tais desafios.

Como técnica para desenvolver a resiliência, negar a vulnerabilidade pode oferecer um adiamento temporário do problema, mas não incentivará a capacidade de resiliência sustentável diante das adversidades a longo prazo.

Como tudo isso acontece no local de trabalho? Imagine que você se candidatou a um emprego para o qual está muito bem preparado e capacitado. Não lhe oferecem o posto. Você aceita isso, mas continua procurando outras oportunidades. O próximo trabalho também parece ideal; porém, mais uma vez, você é rejeitado. Você aceita isso e continua... Mas quando essa rejeição acontece repetidas vezes, você pode, sem perceber, processá-la como muito dolorosa e difícil. Então, em vez disso, decide que não quer mais mudar de emprego.

Nesse exemplo, em vez de olhar para uma série de razões pelas quais os cargos para os quais se candidatou não eram ideais, você se entrega e evita ainda mais sofrimento reprimindo ou negando o desejo de mudar. O desejo é "esquecido", como uma fuga da dor da rejeição.

A negação é um mecanismo de defesa comum. Você pode reconhecê-la, por exemplo, no colega de trabalho que é bastante mal-humorado e irritável, mas, quando perguntam a ele se há algum problema, responde em negação. "Está tudo bem", diz de forma pouco convincente. Ou você pode ter um colega que está prestes a fazer uma apresentação em uma conferência, e está muito corado e suando a olhos vistos. Quando você tenta dizer algo encorajador para acalmá-lo, ele nega a situação. "Não estou nervoso, na verdade estou apenas ansioso para a apresentação. Levo essas coisas no meu ritmo."

Em ambos os exemplos, as evidências vão de encontro ao que é dito — mas você também tem um entendimento de que precisa dançar conforme a música, a fim de permitir que seus colegas funcionem e entreguem o que lhes é exigido. Esse é o elemento *útil* de um mecanismo de defesa: nos permite estar protegidos dos nossos medos e ansiedades para encontrar uma forma de lidar com eles. Portanto, se seu colega negar o nervosismo ou a irritação, de alguma forma vai se convencer de que pode fazer a apresentação ou superar o problema, e quase vai acreditar que as emoções não o atrapalharão, e que tudo está bem, sim.

RACIONALIZAÇÃO/INTELECTUALIZAÇÃO

Outros lidam com as tensões e pressões que consideram insuportáveis no trabalho **racionalizando** ou intelectualizando as dificuldades. Quando confrontadas com a sensação de que têm dificuldade em lidar com algo, as pessoas que racionalizam vão encontrar uma saída "lógica". Por exemplo, se eu perdesse um projeto do qual queria muito fazer parte, diria a mim mesma: "Talvez eu não quisesse *realmente* esta oportunidade. Já tinha muito a fazer e, na verdade, o trabalho não teria me estimulado o suficiente para que eu deixasse o meu papel atual.

A pessoa para quem eu estaria trabalhando não tem a qualificação necessária para ser um bom gerente; a equipe não era capacitada da maneira que eu gostaria que fosse." Um sem número de razões pode ser aplicado para justificar o fato de essa oportunidade não ter sido boa para mim. Dessa forma, a desilusão e a rejeição tornam-se controláveis: "Não era para mim, por uma razão muito boa."

A intelectualização é uma abordagem semelhante, que se volta para a literatura, a filosofia ou as artes, a fim de explicar as decepções e tristezas — por isso, em vez de procurar razões racionais, posso canalizar as obras de Aristóteles, Foucault ou Sartre para *explicar* a minha tristeza, e assim ganhar uma sensação de distância e separação do sentimento — como se o observasse de fora.

SUBLIMAÇÃO

A **sublimação** costuma ser definida como um tipo maduro de mecanismo de defesa, no qual impulsos ou idealizações *inaceitáveis* em sociedade são transformados em ações ou comportamentos socialmente *aceitáveis*, com grande chance de resultarem em uma conversão a longo prazo do impulso inicial.[5] A sublimação pode ser um mecanismo muito construtivo para lidar com emoções negativas esmagadoras. Gritar com um colega pode libertar a raiva, mas deixará um resíduo de dor, perturbação e animosidade, criando um ambiente ainda mais tóxico. A sua reputação ficará manchada, você será visto como alguém que não consegue controlar o próprio temperamento, e suas relações de trabalho vão sofrer danos. Entretanto, se você direcionar essa energia para *outras atividades,* os sentimentos de frustração e raiva podem diminuir. Por exemplo, você pode reordenar o armário de papelaria ou aproveitar a oportunidade para "desentulhar" o espaço do escritório. *Você sublimou sua energia furiosa em uma atividade útil ao contexto.* Dessa forma, a sublimação pode transformar impulsos negativos em comportamentos não prejudiciais, que até podem ser produtivos.

Arte e cultura são uma arena comum na qual a sublimação está em cena. Poetas, artistas e escritores derramam a raiva em seus projetos criativos, entregando algo expressivo e generoso do qual outros podem se beneficiar. A poesia de Sylvia Plath, a arte de Picasso e Vincent Van Gogh ou a música de Beethoven são exemplos de sublimação. Como mecanismo de defesa, ela reduz a ansiedade que pode surgir de expressões inaceitáveis de impulsos ou estímulos prejudiciais.

A sublimação também pode ser eficaz para gerir certas convicções de personalidade. Por exemplo, se você tem uma necessidade obsessiva de controle dos detalhes, é capaz de sublimar esse desejo ao se tornar um auditor ou bibliotecário, usando seus padrões de comportamento potencialmente disruptivos para atividades construtivas.

CULPAR-SE

Outro mecanismo de defesa particularmente autodestrutivo é a **culpa**. Nesse cenário, em vez de reconhecer que está sendo tratado de maneira injusta ou irracional, o indivíduo culpa a si mesmo. Ele racionaliza o comportamento prejudicial como algo merecido, resultado de alguma inadequação inerente. Esse é um padrão perigoso para se enveredar, pois permite que outros o explorem. É um padrão de comportamento visto, com frequência, em relacionamentos abusivos, por exemplo.

Pode ser explicado desta forma: quando é doloroso demais tolerar o pensamento de que alguém crucial em sua vida lhe faz mal — talvez seja cruel, pouco amoroso ou problemático — em vez de enfrentar essa difícil realidade, você decide que a razão pela qual está sendo tratado dessa forma é por ser inamável.

Em um contexto de trabalho, você pode ver isso traduzido numa situação em que um chefe idealizado e respeitado, que se comporta mal ou de forma cruel, é desculpado, e o funcionário, em vez disso, culpa a si mesmo. Desapontar-se com uma figura confiável pode distorcer a sensação de que ocorreu a injustiça. Se alguém tende a projetar bondade, conhecimento e confiança nos outros com facilidade, culpar-se pode ser uma zona de perigo potencial.

Mecanismos de defesa na cidade

O mecanismo de culpar-se ficou evidente durante a crise financeira de 2008, quando, por exemplo, leais funcionários do setor bancário tiveram dificuldade em acreditar que seus líderes houvessem traído sua confiança e destruído suas organizações.[6]

CLIVAGEM

Este mecanismo de defesa — a tendência à polarização — tem ficado evidente no mundo em geral, na política, na sociedade e na estrutura de trabalho no século XXI. As formas de pensar e de agir têm se tornado cada vez mais divididas. É difícil para as pessoas terem mais de uma opinião e, portanto, há uma divisão entre quem está certo e quem está errado, o que é positivo e o que é negativo, quem é a favor e quem é contra. A probabilidade, contudo, é que a situação seja matizada e complexa, e essa divisão dificilmente será útil. Como relata a *International Society for the Psychoanalytic Study of Organisations*:

Tais polaridades acentuam o isolamento dos indivíduos e aceleram a distância entre grupos, podendo resultar em um propósito rígido e intratável de grupo e associação, tornando a coexistência mais difícil e impedindo a capacidade de navegar em um mundo cada vez mais complexo, conectado e interdependente.[7]

Se tivermos sido colocados em um grupo de pensamento oposto ao nosso no trabalho, podemos nos sentir desafiados e isolados. Se formos forçados a tomar partido, e a discussão sobre as diferentes possibilidades for encerrada, podem surgir tensões. A nossa resiliência será testada.

REGRESSÃO

Outro método de lidar com desafios e dificuldades é visto no comportamento daqueles que **regridem** ou se tornam infantis diante do medo e da preocupação. Alegam não saber o que fazer, que precisam de ajuda, que são incapazes de se controlar, que não são capazes. Por vezes, isso vem acompanhado de uma voz infantil e de uma linguagem corporal geralmente associada a uma criança tímida. Você pode vê-los olhando para baixo, se abraçando, suavizando a voz e olhando para você de uma forma suplicante. Dizem, com ou sem palavras: "Socorro, não consigo, por favor, por favor, me salva..."

Quando regredimos, voltamos a uma fase anterior de desenvolvimento. Em vez de lidar com os impulsos inaceitáveis de forma madura e adequada, ficamos perturbados e assustados, e nos comportamos como crianças, quase recuando no tempo. Podemos nos mexer nervosamente, ou rir, ou chupar o dedo. O estresse nos faz agir como nós mesmos, só que muito mais jovens.

COMPREENDA SEU MUNDO INTERIOR

Os diferentes mecanismos de defesa são empregados para nos *proteger* de sentimentos de culpa ou ansiedade, quando nos sentimos ameaçados. A vida profissional é exigente, e é compreensível que, por vezes, nós nos sintamos ameaçados ou sobrecarregados. A utilização de mecanismos de defesa nos ajuda a lidar com o peso dessas exigências. Esses mecanismos são naturais e normais — mas podem se tornar problemáticos quando ficam desproporcionais e os usamos tantas vezes, que nos tornamos neuróticos e ansiosos.

Todos podem se beneficiar da exploração e compreensão das próprias motivações interiores. Saber quem somos e por que respondemos a situações da forma como o fazemos pode nos ajudar não só a interagir de forma mais produtiva no trabalho, mas também facilitar nossos processos internos. Isso, por sua vez, vai nos ajudar a construir a resiliência.

O ser humano traz consigo a dor inevitável — no trabalho e em qualquer outro lugar da vida. Nossos mecanismos de defesa podem nos impedir de experimentar sentimentos insuportáveis, mas também podem nos impedir de enfrentar realidades importantes e necessárias. Talvez estejamos furiosos com um colega egoísta ou um líder abusivo, então suprimimos essa raiva. Mas a raiva pode nos ajudar a fazer mudanças importantes, a enfrentar desigualdades e injustiças, pode nos ajudar a melhorar a forma como vivemos. Talvez tenhamos medo demais da rejeição para reconhecer o fato de que queremos algo —

uma amizade, uma promoção, uma chance de fazer parte da equipe sênior. Padrões recorrentes de comportamento podem atrapalhar uma carreira próspera.

Experimente alguns dos exercícios no final deste capítulo, e pense no que você pode estar fazendo para se proteger. Parafraseando o psicanalista britânico Donald Meltzer: "Que mentiras você está dizendo a si mesmo para evitar a dor?"

Explodir ou sublimar — autoavaliação

No trabalho, não costuma ser aceitável perder o controle ou o temperamento. É claro que não somos perfeitos, e isso pode acontecer ocasionalmente, mas, muitas vezes, fazemos o nosso melhor para controlar possíveis surtos. Pense na última vez que você foi levado ao limite e sentiu uma vontade avassaladora de reagir. Quando você chega ao limite, que técnicas emprega para administrar suas emoções? Dê a si mesmo uma pontuação para cada técnica, com base no seguinte código:

Chave

Reação	Pontuação
Faço isso com consciência e acho útil	1
Faço isso de modo natural/subconsciente e acho que ajuda	2
Não faço isso, mas acho que pode ser útil	3
Não faço isso e acho que não ajuda	4
Faço isso de modo natural/subconsciente e acho inútil	5

Pensar em como você reage em tempos de estresse pode ajudá-lo a gerenciar a si mesmo de forma mais construtiva no futuro. Se você sabe que é provável que fique furioso quando é tratado de forma injusta, então pode parar pra pensar sobre o que fazer quando isso acontecer. Você pode contar até dez, pode se afastar do indivíduo hostil, pode ir ao banheiro. Quando você estiver em condições de pensar com mais clareza, será capaz de escolher uma forma construtiva para lidar com as dificuldades. Mas, qualquer que seja o caminho escolhido, vale a pena considerar sua reação em certas situações como um meio de se preparar para lidar com a adversidade, de forma que não prejudique seus relacionamentos ou seu futuro.

Pontuações de enfrentamento

Técnica de enfrentamento	Minha pontuação
Atividade física	
Passeia/corre	
Faz um exercício (por exemplo, boxe)	
Caminha ou corre ao voltar para casa	
Aperta uma bola de estresse	
Morde as unhas ou range os dentes	
Cura pela fala	
Discute com um colega	
Liga para um membro da família ou parceiro	
Desabafa com seus amigos	
Técnicas de observação	
Escreve para si mesmo um bilhete expressando sua frustração	
Reconhece que a situação é realmente difícil	
Combate	
Exprime sua frustração imediatamente, em voz alta e verbalmente	
Xinga	
Bate na mesa, arremessa alguma coisa.	

Identifique a repressão — autorreflexão

A repressão, às vezes, é chamada de esquecimento motivado. Com frequência está no centro de outros comportamentos defensivos e pode ser muito útil para nos aliviarmos de memórias incômodas ou insuportáveis. Se você vir uma pessoa se comportando de uma maneira que você suspeita ser defensiva, é provável que pense na repressão que pode estar no cerne do problema. E para você mesmo: você está agindo de forma a esconder as próprias feridas? Tente refletir sobre o último encontro profissional que o deixou magoado:

- Escreva tudo sobre o encontro que o fez se sentir magoado.
- Você consegue enfrentar a situação dolorosa de que se lembrou?
- Você consegue identificar o que pode ter sido desencadeado pela experiência?

O líder de emoções ausentes — reflexão

Ter um chefe que o apoia e que entende que você tem altos e baixos no trabalho faz toda a diferença. Como Alexia Inge, co-fundadora e co-CEO da loja *on-line* Cult Beauty, escreve: "Os funcionários, como todos nós, passam por altos e baixos. Ajuda se você tentar se adaptar mais à vida das pessoas." Isso, sugere ela, será recompensado com maior lealdade e flexibilidade.[8]

Pense em um líder que, pelo que você se lembra, não fazia isso; alguém que negligenciou as necessidades emocionais (suas ou de outras pessoas) para realizar uma tarefa. Se você não consegue pensar em alguém de um contexto de trabalho, use outro exemplo — talvez um professor que você teve ou um chefe fictício de um programa de TV ou livro de que é fã. Pensando em uma interação em particular, escreva suas reflexões para as seguintes perguntas:

1. Como você reagiu a isso?
2. Conseguiu entender a perspectiva dele?
3. Você foi capaz de se autorregular e reconhecer o trabalho árduo que tinha feito?
4. Conseguiu transmitir ao líder como essa interação o fez sentir?
5. Você conseguiria fazer isso no futuro? Como seria?

Descubra seus pontos cegos

Como o capítulo revelou, muitas vezes acreditamos que nos conhecemos melhor do que de fato nos conhecemos. Muitas vezes não percebemos coisas sobre nós mesmos e entramos num padrão de pensamento sem relação com a realidade. Podemos, por exemplo, declarar que não sabemos falar bem em público baseado em uma primeira experiência aterradora e que nos fez gaguejar. A partir de então, nós nos definimos como incompetentes, ainda que outros nos vejam como realizados e confiantes. Será que estamos sendo exagerados, ou que realmente não estamos preparados para acreditar no nosso sucesso?

Tire algum tempo para pensar:

- O que é o elefante branco na sala?
- Qual é a história principal que você conta a si mesmo?
- É possível que você esteja escondendo uma verdade de si mesmo?

Encontre um colega e amigo de confiança e compartilhe suas principais crenças: ele tem uma visão diferente sobre você? Desafie-se a pensar si mesmo de forma diferente. Então, uma vez identificados alguns pontos cegos potenciais, pratique algumas afirmações:

Em vez de: "Sou um péssimo ouvinte."
Tente: "Estou aprendendo a ouvir, porque essa é uma habilidade importante."

Em vez de: "Não sou um bom líder de negócios."
Tente: "Estou trabalhando arduamente para desenvolver minha perspicácia e liderança nos negócios."

Em vez de: "Não sou popular no trabalho."
Tente: "Sou apreciado e respeitado por alguns colegas."

NOTAS FINAIS

1 Blasko, D. Only the tip of the iceberg: who understands what about metaphor?, *Journal of Pragmatics,* **31** (12), 1999, pp. 1675-1683.

2 Bion, W. Attacks on linking, *International Journal of Psychoanalysis*, **40**, 1959, pp. 308-315.

3 Luft, J. e Ingham, H. The Johari window: a graphic model of interpersonal awareness, *Proceedings of the western training laboratory in group development*, University of California, 1955.

4 Freud, A. *The Ego and the Mechanisms of Defence*. Londres: Karnac, 1937, 1966.

5 Cherry, K. *Sublimation in Behavioural Psychology*, 2018. Disponível em: www.verywellmind.com/4172222 (arquivado em https://perma.cc/ J2DA-PMT9).

6 Kahn, S. *Death & the City: On mourning, melancholia and loss at work*. Londres: Karnac, 2017.

7 International Society for the Psychoanalytic Study of Organizations. Disponível em: www.ispso.org (arquivado em https://perma.cc/8K77-SSTG).

8 What she said: Alexia Inge of Cult Beauty on dealing with millennial employees, *The Sunday Times,* 11 nov. 2018.

4

Mudança, perturbação e perda

Podemos ter certeza da mudança. Todos os indivíduos, organizações, setores, indústrias, culturas ou nações serão impactados em um momento ou outro; as coisas serão perturbadas e vão se transformar. Com essa transformação, podem surgir alguns desenvolvimentos muito necessários, mas também, sem dúvida, algumas perdas. Neste capítulo, examinamos a relação entre resiliência e mudança, perturbação e perda. Viramos o pensamento positivo de cabeça para baixo e enfrentamos as inevitáveis dificuldades que encontraremos na vida profissional, porque, ao enfrentarmos essas dificuldades — os finais, as demissões, as desilusões e os encerramentos profissionais —, isso pode nos ajudar a abraçar as oportunidades que temos à disposição e a trabalhar com elas. Em vez de temermos o pior, imaginamos o pior e abraçamos o real.

MUDANÇA, PERTURBAÇÃO E PERDA NO TRABALHO

"SEMPRE EM" TRANSFORMAÇÃO

Globalização, desenvolvimento tecnológico, mudança de padrões de trabalho — estamos numa era que tem sido definida como "sempre em transformação". A mudança pode ser energizante, emocionante e transformadora. Pode nos levar a novos lugares; estabelecer novos relacionamentos; dar-nos a oportunidade de aprender uma nova habilidade. Podemos nos reinventar, recalibrar nossos eus emocionais, e isso pode ser empolgante e emocionante. Basta pensar em todos os títulos dos livros de autoajuda que estão por aí: *Joy Now!*, *The Power of You...*, *Be Amazing...*, *Create Happiness*. Esse tipo de livro de aprimoramento pessoal oferece uma sensação de empolgação e implica que há uma versão melhorada, renovada e capacitada de você ao seu alcance.

Por outro lado, a transformação no trabalho pode evocar outro tipo de resposta emocional. Em vez de empolgação e antecipação, podemos sentir nervosismo, ansiedade e medo. A sensação de "constante mudança" pode ser exaustiva e drenante. Podemos nos sentir inquietos e desafiados à medida que tudo a que nos acostumamos é alterado e remodelado. Talvez queiramos nos esconder até que a iniciativa tenha passado. Podemos nos preocupar com o impacto dessa mudança em nossos planos de carreira, ou ansiar pelo respeito dos novos líderes. Podemos questionar se trabalharemos bem com novos colegas ou se estaremos preocupados por termos conhecimentos e competências adequados para trabalhar nesse novo território.

Os ganhos que obtemos com a mudança podem muito bem significar que temos de desistir de algo. Por exemplo, trabalhando com mais eficiência, podemos reduzir o número de pessoas que trabalham em um projeto; melhorando nossos produtos técnicos, podemos limitar a oportunidade de trabalhar as coisas através de nós mesmos. A cultura digital pode nos privar da beleza de uma carta manuscrita, e o trabalho ágil pode nos oferecer mais liberdade, mas nos negar uma equipe bem ajustada.

Mesmo que tenhamos a sorte de trabalhar em uma função que amamos, haverá obstáculos, mudanças, desafios e obstruções para nos testar. Mais relevante é nossa capacidade de improvisar, de aprender a lidar com essas mudanças e de construir ou manter a resiliência.

MUDANÇA IMPOSITIVA

Quando decidimos que é hora de uma nova oportunidade, ou quando queremos desenvolver habilidades e conhecimentos através de um estudo mais aprofundado, isso pode ser um desafio e nos testar; precisaremos ser resilientes para lidar com o caminho escolhido. No entanto, essa também é a mudança que escolhemos; em contrapartida, a mudança que nos é imposta pode ser particularmente difícil.

Podemos esperar tempo demais para agir, e acabar em crise, e a crise é extenuante. Se formos leais à nossa organização e nos dedicarmos exclusivamente ao trabalho, então há uma expectativa de que a organização seja leal a nós — mas nem sempre é esse o caso. Assim, a perda de um emprego, uma mudança de projeto, até mesmo uma mudança na equipe podem ser devastadoras. Qualidades como lealdade e conformidade são, muitas vezes, definidas como imprescindíveis na vida profissional, mas a flexibilidade e a imaginação são mais úteis em tempos de mudança.

É claro que tais atitudes para mudar não são excludentes; podemos nos sentir entusiasmados e ansiosos ao mesmo tempo, e podemos responder à mudança de várias maneiras. Pode ser emocionante e eletrizante, pode ser aterradora e paralisante. Estamos vivendo um momento de transição com o que pode parecer uma mudança exaustiva — mas há muitas novas ideias e tecnologias boas e ruins disponíveis, e precisamos estar abertos a essas mudanças para construir nossa capacidade de responder com resiliência.

A hierarquia de necessidades de Maslow

Em 1943, Abraham Maslow ofereceu uma teoria da motivação humana que ainda é relevante em nosso mundo, já bem diferente. Ele propôs que, para alcançarmos o auge da existência humana, em todo o nosso potencial — algo que ele chamou de autorrealização — precisamos passar pelos diferentes níveis de desenvolvimento emocional, a partir de necessidades fisiológicas, como abrigo e alimentação, até chegarmos ao topo da autorrealização, através do amor e do pertencimento.

A resiliência é relevante em todas as fases do nosso desenvolvimento através desses níveis; e é importante notar que nossa trajetória nem sempre está no *cume* da pirâmide. Podemos cair aos níveis mais baixos em tempos de desespero, quando perdemos o emprego ou a casa, ou quando nos encontramos em circunstâncias perigosas.

RESPOSTAS DIFERENTES À MUDANÇA E À PERTURBAÇÃO (PODEMOS MUDAR PARA MELHOR?)

Nietzsche afirmou: "o que não me mata me fortalece."[1] Em tempos difíceis, não se pode encontrar consolo nessa declaração — mas há algo importante aqui. Ao enfrentar a dificuldade e lidar com ela, podemos aprender que temos reservas internas de força, que talvez sejamos mais resilientes do que pensamos. Quando as dificuldades surgem, ou quando a perturbação entra na vida profisisonal, podemos responder de várias maneiras:

- passar para o modo de ação e fazer tudo o que estiver ao nosso alcance para resolver o problema;
- pensar bem sobre as coisas, decidindo o que essa perturbação realmente significa, talvez reorganizando nossos pensamentos e provocando possíveis benefícios;

- evitar completamente as coisas e negar o que está acontecendo;
- consolar-se em comportamentos destrutivos, tais como beber ou usar drogas.

Além disso, existem algumas formas potencialmente benéficas de responder aos desafios. Talvez possamos concentrar os pensamentos no "motivo" por trás da mudança. Nietzsche afirmou ainda que "aquele que sabe o porquê pode suportar quase tudo"[2]. Nisso, podemos entender o poderoso papel da construção de sentido no desenvolvimento da resiliência: se conseguimos entender por que a mudança ocorreu, podemos mentalizá-la como a fonte da nossa decepção. Isso significa que podemos considerar o estado mental pessoal e dos outros, ou, em outras palavras — podemos processar as emoções.

Então, podemos nos recuperar melhor, nos tornando mais fortes ou mais sábios do que éramos antes. Jonathan Haidt[3], que é psicólogo social, explora os benefícios de perdas terríveis, traumas ou estresse severo. Ele analisa tanto os anos de pesquisa focados no impacto prejudicial do estresse, como o exame mais recente do século XXI sobre os *benefícios* de tal estresse e das perturbações. Em seu pensamento, não voltamos simplesmente ao funcionamento normal após experiências difíceis — vamos *além* disso, crescendo a partir da adversidade e evitando os danos.

Como você tende a responder às perturbações e desafios? Vejamos algumas das maneiras pelas quais podemos responder a mudanças, perdas e perturbações no trabalho; depois, vamos fazer os exercícios no final deste capítulo, para ajudá-lo a refletir sobre o assunto.

COMO RESPONDER A MUDANÇAS, PERDAS E PERTURBAÇÕES NO TRABALHO

Alguns proponentes do pensamento em torno da resiliência concentram-se no poder da atitude positiva. Uma ideia popular e comum, sugerida em livros de autoajuda, terapias e redes sociais: podemos mudar as circunstâncias! Vamos conseguir! Vamos ter sucesso! Vamos conseguir o trabalho!

Uma atitude de "dá para fazer" é boa, claro. Há uma razão pela qual se trata de uma abordagem tão popular: é porque funciona para muitas pessoas, em muitas circunstâncias. Por exemplo, o pensamento positivo pode ser útil para construir uma forte rede de apoio, para cuidar de si mesmo e para extrair resultados positivos da adversidade. No entanto, não é a *única* abordagem.

Uma forma alternativa de explorar a resiliência é pensar em todas as possibilidades do que pode dar *errado*. Agora eu preciso da sua paciência! Sei que isso pode soar contraintuitivo, mas olhar para os possíveis resultados negativos, ao invés de focar puramente nos positivos, pode muito bem trazer maiores benefícios em algumas situações.

No Capítulo 1, olhamos de relance para o que podemos aprender com os estoicos, e é útil considerá-los novamente aqui: podemos lembrar as infinitas razões pelas quais as coisas podem falhar para enfrentar a probabilidade de que, com certeza, vamos falhar em algum momento ou outro, e que é pouco provável que as circunstâncias nos favoreçam sempre. No entanto, em vez de permitir que esses pensamentos nos paralisem e deprimam, podemos, como os estoicos, deixar que essa seja uma noção libertadora.

LIÇÕES DOS ESTOICOS

O estoicismo pode nos ensinar muito sobre resiliência. Esse movimento pretende nos inteirar da imprevisibilidade do mundo e da brevidade da vida. É útil como lembrete da necessidade de se controlar, de ser forte e firme. Favorece a lógica em vez do impulso, e não reflete sobre teorias complicadas do mundo, mas concentra-se na superação de emoções destrutivas. Ele nos encoraja a nos preocupar apenas com o que temos de nos preocupar, não com os "e se", nem com coisas fora do nosso controle.

MEMENTO MORI — LEMBRE-SE DA MORTE

Refletir sobre a nossa mortalidade pode parecer uma prática inesperada na construção da resiliência, mas os filósofos, a começar por Sócrates, nos incitaram a pensar em nada mais do que morrer e estar morto. Em suas mentes, esse pensamento garantiria que todos abraçássemos a vida em plenitude e que não procrastinássemos, porque a vida é curta e imprevisível — por isso devemos sempre imaginar que ela pode acabar agora mesmo. Se isso acontecesse, estaríamos satisfeitos com o modo como vivemos? Se não... o que devemos mudar?

Então, como isso pode nos ajudar no local de trabalho? Bem, além de refletir sobre sua relação mais ampla com o trabalho, com o equilíbrio trabalho-vida e com a sua vida como um todo, podemos tomar esses princípios e usá-los em determinados contextos. Em vez de nos concentrar na morte como o resultado inevitável, por exemplo, podemos pensar na "morte" do nosso trabalho — em outras palavras, qual é o pior resultado possível que se pode imaginar? É a perda do emprego? A perda de reputação, ou de dinheiro, ou de clientes? Se você soubesse que essas coisas acabariam acontecendo, como isso afetaria as decisões e escolhas que você faz hoje?

RESPONDA AO QUE REALMENTE ACONTECEU, NÃO AOS SEUS MEDOS.

O filósofo Epiteto suportou a escravidão para fundar a própria escola, onde ensinou muitos dos maiores estudiosos de Roma. Nascido em 341 a.C., após a morte de Platão, foi associado ao prazer sensual refinado, muitas vezes ligado à comida e ao vinho. No entanto, seu foco principal não era o prazer, mas o alívio da miséria, grande parte da qual ele sentia que era causada pelo medo da morte. Ao lutar pela tranquilidade (o que hoje podemos chamar de *mindfulness*), procurou ajudar as pessoas a superar o medo do fim.

Enfrentar o caos potencial ou o resultado desastroso dos acontecimentos no trabalho não deve nos levar a agir de forma *precipitada*. Confrontar essas possibilidades negativas significa que podemos, por um lado, pensar bem e planejar o pior — o que é um bom resultado e pode ser inestimável no desenvolvimento da resiliência. Mas, por outro lado, pode sair de controle e tornar-se inútil — em momentos de mudança, quando os rumores e as especulações são abundantes no local de trabalho. É importante lembrar que é provável que haja muito mais especulação sobre a *probabilidade* de mudança e perturbação do que mudança e perturbação *reais*.

Uma estratégia para lidar com todos os "e se" é considerar *apenas as mudanças que lhe são apresentadas*. Se pensar nos piores resultados possíveis faz você se tornar inútil, então mude de rumo — não se estresse sobre possibilidades, perturbações imaginadas ou fofocas. Prepare-se para a mudança apenas quando souber que ela é uma realidade. Podemos então poupar nossas energias para o que realmente está acontecendo, para nos preparar para mudanças reais. Dessa forma, as lições do estoicismo estabelecem um equilíbrio — de antecipar o pior, planejá-lo, mas de se concentrar apenas no que realmente acontece.

LIÇÕES DE PSICANÁLISE

Analisamos Freud e a psicanálise no Capítulo 3, e o tema é novamente relevante aqui: meditar sobre nossa mortalidade foi uma lição dos estoicos, também explorada no pensamento psicanalítico. A perspectiva insuportável da mortalidade pode levar muitos ao pensamento ilusório de que vão permanecer eternos. Em termos de trabalho, isso significa que as pessoas, às vezes, não conseguem ver que seu tempo chegará ao fim em um papel de liderança ou em um projeto, ou que a empresa da qual fazem parte pode estar sujeita a colapso e encerramento.

Os mercados são frágeis, há incerteza global, e as organizações não são imortais. Por exemplo, as mudanças nas ruas principais e o desenvolvimento do varejo *on-line* criaram uma mudança dramática na forma como os mercados varejistas funcionam. Redundância, fechamentos, fusão e administração são parte da nossa vida profissional. Os finais são altamente relevantes para o mundo do trabalho em todos os setores. Há uma ausência de instituições vitalícias. Nossa relação com o trabalho é menos segura e mais transitória, o que representa uma perda que merece atenção e compreensão.

Os fins proporcionam uma oportunidade para dúvidas, para refletir sobre a vida que passou, sobre as realizações, os arrependimentos e as possibilidades. Da mesma forma, o desaparecimento de uma organização é uma oportunidade para análise. Há um exercício no final do capítulo que lhe dá a chance de ponderar sobre sua vida no trabalho, em um dia e em um ano.

LUTO E MELANCOLIA

Freud explora "luto e melancolia" no ensaio de mesmo nome, de 1917, que aborda a resposta humana à perda. Ele escreve sobre o processo de perda e luto, e usa uma investigação das reações à perda para nos ajudar a entender o que é normal. Freud se propõe a esclarecer a diferença entre o luto e a melancolia.

O que Freud chamava de "melancolia", agora entendemos amplamente como depressão clínica. O luto é descrito como uma reação normal aos acontecimentos e que se resolve com o passar do tempo. Essas duas abordagens à perda são úteis para explorar o quão resilientes somos perante a perda na vida profissional.

Durante o período de luto, a pessoa percebe que o indivíduo ou objeto amado e perdido realmente desapareceu e, em resposta, *se afasta* da realidade. Esse afastamento da realidade é marcado por desânimo, perda de interesse e cessar de todas as atividades. Esses mesmos sintomas estão presentes na melancolia; contudo, com o tempo, o enlutado volta ao estado normal, enquanto o melancólico não consegue se separar do objeto perdido, e se volta para dentro.

O reconhecimento da diferença entre luto e melancolia pode nos ajudar a construir uma maior resiliência. Isso é relevante quando examinamos nosso comportamento e também o de outras pessoas. Quando os procedimentos de trabalho ou as circunstâncias mudam, alguns passam por um "período de luto" normal — ficam tristes, talvez irritados, e sentem dificuldade de se dedicar plenamente ao trabalho durante certo tempo. Contudo, à medida que processam as emoções, começam a aceitar o novo estado de coisas e voltam a empenhar-se na vida profissional. Outras pessoas, pelo contrário, continuarão trabalhando como se nada tivesse mudado; há uma profunda relutância em abandonar o que era uma forma de trabalho confortável e bem estabelecida.

É compreensível que a mudança seja, por vezes, difícil; é aceitável passar por um período de ajustamento. Entretanto, quando estamos presos nos caminhos do passado, incapazes de reconhecer o que estamos fazendo ou as consequências dessa "prisão" para os outros, a diferença entre o luto e a melancolia pode ser relevante.

MUDANÇA, LIMITES E *MINDSET*

Trabalhar com a prática estabelecida e seguir as diretrizes existentes certamente ocupa um lugar importante na vida profissional. Precisamos de regras e procedimentos, e precisamos de estrutura e sistemas.

No entanto, o excesso de apego à "forma como as coisas são feitas por aqui" pode criar estresse e perturbação quando a mudança acontece. Estar em perfeita organização para lidar com a maneira moderna de fazer as coisas pode significar que suportar a mudança é uma tarefa árdua. Assim, quando essas rotinas, métodos e práticas são alteradas, a força da previsibilidade pode se tornar um passivo. Onde novas ideias e inovações são necessárias, exige-se uma abertura às ideias originais, além de criatividade e pensamento alternativo.

Pode haver outros fatores importantes que dificultam a mudança para alguns de nós. Ao contrário das ideias em torno do *mindset* de crescimento e do trabalho de Carol Dweck, explorado no Capítulo 2, há um argumento de que grande parte da nossa resposta às mudanças está no DNA. Isso não significa que nada possa ser feito para desenvolver nossa capacidade de lidar com a mudança e a perturbação, mas aponta para a possibilidade de que a mudança é muito mais difícil para alguns indivíduos do que para outros. E, na verdade, indica que algumas pessoas também têm uma maior resiliência emocional do que outras.

Os antigos gregos viam o destino como todo-poderoso, e ainda há substância nessa noção. A neurocientista Hannah Critchlow, em *The Science of Fate: Why Your Future is More Predictable Than You Think* (2019)[4], descreve como a neurociência está nos dando a chance de entender mais sobre o modo de operação da resiliência e sobre como construímos nossa própria sorte através das escolhas dos ambientes ou relacionamentos que cultivamos. Ela examina o que faz com que uma pessoa trace uma trajetória de vida diferente da outra, o que dá resiliência e o que ajuda o cérebro a florescer. Nossa herança genética e nossa experiência, argumenta a autora, nos levam a uma vida que se desdobra com menos controle do que podemos imaginar.

> Um *mindset* de crescimento permeia a sociedade... defendendo que todos os objetivos ou desejos podem ser alcançados. Vendemos o conceito de proatividade e capacidade ilimitadas, uma forte visão de livre-arbítrio que rejeita a ideia de restrições, sejam elas biológicas ou socioeconômicas.

Durante a vida profissional, há momentos em que nos damos conta de que é necessário mudar. Talvez não possamos mais lidar com as viagens internacionais do trabalho, ou estejamos enfrentando questões de saúde e precisemos estar mais próximos da nossa rede de apoio, ou talvez tenhamos perdido o entusiasmo e a paixão por algo que um dia amamos. Muitas vezes é difícil, até doloroso, mudar — mas, ainda assim, escolhemos a mudança. Mesmo Critchlow, apesar de seu compromisso com o destino, enfatiza não as restrições, mas o *potencial* na construção da resiliência.

FLEXIBILIDADE, RESILIÊNCIA E MUDANÇA

Durante séculos, o trabalho pouco mudou. Já nascíamos em nosso provável caminho de ocupação, e as gerações que se seguiram continuaram trabalhando dessa forma. Éramos agricultores ou mineiros ou operários de fábrica. O lugar em que nascíamos determinava o tipo de trabalho que provavelmente faríamos durante uma vida inteira. Isso mudou por completo.

Quando Adam Smith apresentou seu trabalho histórico, em 1776, ele mostrou como a divisão do trabalho poderia tornar uma empresa muito mais produtiva, em vez do modelo segundo o qual cada funcionário se dedica ao processo inteiro. Os trabalhadores desistiram da satisfação de produzir o produto acabado, tiveram que se adaptar a essa mudança de foco e a uma redução do controle geral; assim, as empresas floresceram.

Dessa forma, o tipo de função que exercemos passou do trabalho físico e manual, e da plena produção, para uma fração disso; além do mais, a tecnologia, a cultura e a comunicação criaram uma mudança radical na forma de trabalho. Tivemos de nos adaptar e nos tornar flexíveis. Agora, precisamos operar numa cultura digital "sempre ligada", aprender a lidar com a rápida mudança em quase todos os ambientes de trabalho e abraçar seguidas vezes novas competências e desafios.

A RELAÇÃO ENTRE RESILIÊNCIA, MUDANÇA E FLEXIBILIDADE

Como o mundo do trabalho mudou de inevitável e árduo para incerto e desafiador, temos grandes expectativas sobre o que o trabalho pode nos oferecer, e espera-se que desenvolvamos nossas habilidades e aptidões a toque de caixa. Talvez tenhamos sido recrutados para um projeto em particular, e depois solicitaram que trabalhássemos em outro lugar, utilizando outras habilidades e conhecimentos. Ou nos mudamos para trabalhar com um determinado líder, que então deixou a organização. Ou uma nova legislação criou a necessidade de práticas e procedimentos diferentes. Cada mudança pode ser um teste de resiliência. Ficamos confortáveis em nossa posição, seguros em nosso conhecimento e em nossos relacionamentos — e então temos que trabalhar novamente para estabelecer relações de credibilidade e confiança.

Lembre-se das mudanças que enfrentou e sobreviveu: tecnologia, localização, indústria, pessoas etc. Pense na flexibilidade que você demonstrou na adaptação a novos ambientes, diferentes padrões de trabalho e culturas. Reconheça a resiliência que demonstrou na gestão dessas mudanças. E, se o seu trabalho tem sido estável e sua resistência não foi testada, prepare-se para o futuro.

Figura 4.1 ***A relação entre resiliência, mudança e flexibilidade***

A importância dos relacionamentos

Como identificamos, uma boa adaptação à mudança é uma característica-chave da resiliência. O trabalho está repleto de tais exigências de mudança, sejam elas prioridades, políticas, produtos, foco ou tecnologia. A mudança é esperada e persistente.

Tais mudanças demandam das nossas reservas de resiliência, como sabemos — mas um interessante estudo realizado em 2015 revela que 75% do esgotamento das nossas reservas está, na verdade, ligado à gestão de pessoas difíceis e à política de escritório.[5] Os entrevistados disseram que a gestão de relações difíceis e a política no trabalho drenaram suas reservas de resiliência de forma mais significativa do que serem desafiados em âmbito profissional ou enfrentarem transtornos na vida pessoal. Portanto, aqui são as relações — não a mudança em si — que provam ser as mais exigentes. No próximo capítulo, exploraremos mais a associação entre conflito e resiliência.

UM MUNDO DE TRABALHO ÁGIL

O trabalho ágil difere do trabalho flexível. O trabalho flexível está relacionado com as horas que são oferecidas aos funcionários, e inclui o tempo parcial e outras ofertas de horário. O trabalho ágil não é uma questão de horas contratuais e presença, mas sim de produção. Ele oferece e valoriza a adaptabilidade e a liberdade, e está sendo usado nas grandes corporações em todo o mundo, dos serviços financeiros à tecnologia e ao governo.

O trabalho ágil é baseado na confiança, dando às pessoas a oportunidade de fazer o trabalho quando lhes convém, mas também investindo nelas a confiança de que estarão bem por conta própria para entregar os resultados necessários. Essa confiança nas pessoas para trabalharem sem microgestão ou intervenção constante é libertadora, mas também pode exigir um alto grau de resiliência e autoconfiança. Você recebe as ferramentas, informações e orientação e, em seguida, tem a responsabilidade para entregar seu produto, mas também é deixado sozinho para isso. Você precisa criar o seu próprio sistema de suporte.

Quando estamos sendo conduzidos e geridos, podemos imaginar que é preferível ser deixado sozinho do que receber uma atenção negativa. Contudo, um estudo sobre liderança, realizado após pesquisa com mais de 2 mil funcionários noruegueses[6] identificou o impacto relacional negativo do *laissez-faire*. Quando somos "ignorados", isso tem consequências mais negativas do que se fôssemos tratados de uma forma inútil. Ser um líder *laissez-faire* não é apenas uma experiência neutra e sem liderança, mas um comportamento destrutivo que causa estresse e angústia psicológica.

Isso sugere que temos uma necessidade de ser vistos no trabalho, uma necessidade de ser notados, e de que aqueles para quem trabalhamos levem em conta nossa contribuição. Isso faz lembrar as experiências de Harry Harlow[7] (1959) e sua profunda descoberta sobre "conforto de contato", a necessidade básica que os jovens mamíferos têm de contato físico — não apenas as necessidades rudimentares na base dessa hierarquia. (Curiosamente, Abraham Maslow foi o primeiro aluno de pós-graduação de Harlow, e a semente de sua teoria geminou aqui).

Não somos macacos sendo monitorados em uma experiência científica, é claro. Mas nós, também, precisamos ser confortados de alguma forma no trabalho. Não precisamos ter apenas as nossas necessidades funcionais atendidas, como instruções e pagamento; também precisamos ser acalmados até certo ponto, informados de que estamos indo bem quando, de fato, estamos, assim como orientados na direção certa quando saímos do curso. Portanto, ao trabalhar com independência e autonomia, isso deve ser considerado — porque, sem esse contato regular no escritório, a nossa resiliência pode ser testada.

A velocidade da mudança no local de trabalho e no futuro local de trabalho exige que as pessoas sejam ágeis e capazes de abraçar e se regozijar com a mudança. Teremos de nos adaptar à alteração dos locais de trabalho, às expectativas, trazer novas competências e inovar.

Vimos, então, que essa mudança pode testar nossa resiliência. Um dos desafios que enfrentamos para superar as adversidades é manter nossa capacidade de funcionar bem no trabalho e em casa. Podemos nos enganar com facilidade e pensar que vencemos as dificuldades, sem perceber que também há necessidade de investir tempo na manutenção do comportamento resiliente.

Você pode pensar no colega que tem problemas de administração da raiva e é propenso a explosões de violência. Após um curso de gestão da raiva, o seu comportamento melhora de forma visível — mas isso só pode ser sustentado se as questões da formação forem constantemente revisitadas e aplicadas. Sem manutenção regular, ocorrerão contratempos. Ou talvez tenhamos reconhecido que o exercício regular ajudará o nosso bem-estar, e adotamos um programa entusiasmado que se esgota após as primeiras semanas — qualquer pessoa que tenha entrado em uma academia em janeiro, apenas para cancelar sua inscrição em março, reconhecerá isso. Quando se faz uma mudança, é preciso trabalhar para que essa mudança seja sustentável.

O mesmo pensamento se aplica à resiliência. Podemos trabalhar duro para desenvolver força e capacidade de lidar com a mudança, mas um pequeno evento ou interrupção pode nos afastar do curso. Seja gentil consigo mesmo quando isso ocorrer, e se lembre da sua capacidade de lidar com a situação. Você já fez isso antes, e será capaz de fazer de novo. Você deve procurar "manter seus ganhos".

A resposta de resiliência também pode mudar com o tempo. Isso se deve, em parte, aos desafios que você tem que enfrentar: por exemplo, ter azar e ter que lidar com múltiplas situações estressantes pode testar a resiliência de qualquer um. Lidar com o fim de um relacionamento pode ser administrável. Mas lidar com a ruptura de uma relação, demissão, assédio e desafios de saúde mental pode ser demais. Emmy Werner, cujo estudo longitudinal de 32 anos em Kauai, Havaí, seguiu a vida de 698 crianças, pergunta: "Qual lado da equação pesa mais, a resiliência ou os estressores?"[8] Em outras palavras — todos nós temos um ponto de ruptura.

CATARSE — A CURA PELA ESCRITA

Catarse, palavra originária do grego, refere-se à purificação ou limpeza das emoções, uma depuração dos sentimentos que resulta em renovação e reparação. Para construir nossa resiliência, trabalhar através dos sentimentos sobre mudança e perturbação pode ser útil. Nomear o medo das mudanças previstas pode nos ajudar a compreender nossas preocupações mais profundas. Ordenar essas ideias de modo a transformarem nossos pensamentos desordenados em uma história coerente pode nos ajudar a processar nossa resposta emocional à mudança, e a ver o que realmente precisa de atenção. No final do capítulo há um exercício para ajudá-lo com isso, intitulado "Cura catártica".

Jamie Pennebaker escreveu sobre o valor de ressignificar a adversidade através da escrita em seu livro *Opening Up*.[9] Ele examina o trauma, seus desdobramentos e a forte correlação entre a descoberta da origem traumática e os benefícios para a saúde. Sua experiência encorajou os participantes a escrever sobre eventos perturbadores ou traumáticos em grande detalhe. Em seguida, acompanhou a saúde da equipe em tratamento, assim como um grupo de controle, que escreveu sobre outro tópico. O trabalho de Pennebaker apoia a noção de catarse de Freud, que prega que, ao escrever ou falar sobre nossas emoções, somos capazes de processá-las e de, literalmente, "tirá-las do peito".

A ARTE DO RECOMEÇO APÓS A MUDANÇA

Não somos ora vulneráveis, ora resilientes. Da mesma forma, não abraçamos *ou* rejeitamos a mudança. Como seres humanos, somos fluidos e podemos aprender a nos engajar na mudança de uma forma que apoie nosso desenvolvimento e potencial de crescimento.

De certo, não sabemos o que está por vir, e nosso futuro trabalho há de estar cheio de tumultos e perturbações. Mas uma mudança futura pode nos cair como uma luva, se trouxer um cenário que já podíamos imaginar ou que poderemos influenciar. Às vezes, precisamos de coragem para fazer isso. Como Barack Obama nos lembrou, somos a mudança que procuramos. Ele falou ao povo americano em seu discurso de campanha que a mudança não viria se esperássemos por outra pessoa ou por algum outro momento: somos nós aqueles pelos quais temos esperado. Ou, como expressa Brené Brown, "Quando somos donos das nossas histórias, podemos escrever o final".[10] Assim, podemos nos beneficiar da adversidade, criar mudanças, "saltar" não só de onde estávamos antes, mas para um lugar de maior força e compreensão.

Como lidar com alterações indesejadas e perturbações

Pense na mais recente perturbação que você experimentou no trabalho. Se nenhum exemplo vier à mente, pense em algum caso pessoal ou num exemplo fictício. Responda as seguintes perguntas, com a máxima sinceridade que puder — talvez você possa imaginar que está falando com um amigo muito solidário e sem preconceitos, alguém que se importa com você e que escutará com atenção tudo o que tem a dizer:

1. Por que essa mudança foi tão difícil?
2. Se você estivesse no comando, o que teria feito?
3. Com o benefício da visão *a posteriori*, o que deveria ter acontecido?
4. O que você aprendeu com esse incidente?
5. Culpou alguém pelo evento?
6. Como você descreveria sua reação emocional a essa crise?
7. Como você se sente agora?
8. Você se sente assim muitas vezes?
9. Você prefere se sentir diferente?
10. Houve algum benefício com essa mudança?

Suas respostas vão lhe fornecer uma visão sobre a forma como lida com a mudança. Observe seu padrão de comportamento: o que você aprendeu sobre si mesmo com este exercício? Como, então, ele impactará na forma como você vai lidar com a mudança no futuro? Se, por exemplo, você notou que acha difícil desenvolver novos relacionamentos e que, portanto, trabalhar em uma nova equipe é aterrorizante, pense em maneiras de reforçar sua confiança e suas habilidades. Você tem um mentor ou um *coach* no trabalho? Você mesmo consegue explorar os recursos de aprendizagem? Você pode compartilhar suas preocupações com seu gerente? Às vezes, apenas nomear aquilo que achamos desafiador já pode nos ajudar, porque podemos dizer a nós mesmos que, sim, isso é um desafio para mim, mas eu sou e serei capaz de lidar com isso.

Cura catártica

Escrever nossos medos imaginados pode ser uma forma útil de processar os pensamentos desordenados. Tire 15 minutos para anotar tudo o que está associado a uma mudança próxima no seu local de trabalho. Não se preocupe com a qualidade da escrita, apenas coloque tudo para fora — você pode usar algumas ou todas estas perguntas como modelos:

- O que está acontecendo?
- O que você imagina que está acontecendo?
- Como isso vai afetá-lo?
- Qual é o pior resultado?
- Qual é o melhor resultado?
- O que o preocupa?
- O que o entusiasma?
- Com que habilidades e talentos você conta para lidar com isso?
- O que você precisa aprender?
- Quem pode ajudá-lo?
- Quem você pode apoiar?
- Quais são seus pontos fortes?
- O que deseja realizar?

Trabalhando com perda

A perda pode ser algo que nos desperte tristeza e angústia, mas de uma forma que nos permita, após algum tempo, avançar. Isso é o que se chama de período de luto. Quando ficamos presos na perda, incapazes de ver a vida além dela, acabamos caindo na melancolia. Isso pode ser autodestrutivo e prejudicar nossa capacidade de enxergar o futuro.

Qual perda você gostaria de aceitar?

- Tire tempo para escrever sobre o que você perdeu — pode ser um emprego que você amou, uma vaga em uma equipe de projeto, uma oportunidade, uma habilidade que se perdeu ou uma perda por doença ou acidente.
- Do que você sente falta?
- Com o que você está irritado?
- O que você poderia aprender com essa perda?
- O que essa perda lhe ensinou?

A mudança está chegando![11]

Imagine que você está assistindo ou lendo as notícias, quando você vê um item sobre a organização para a qual você trabalha. Começa assim: grandes mudanças anunciadas na... Como você responde a esse anúncio? Qual é o seu estado emocional imediato:

- empolgação;
- felicidade;
- antecipação;
- alegria;
- medo;
- negação;
- raiva;

- preocupação;
- desejo de se esconder;
- incredulidade;
- ansiedade;
- curiosidade?

Pense qual poderá ser sua resposta imediata. Isso lhe dará uma indicação de sua relação com a mudança e sua capacidade de lidar com perturbações no local de trabalho. É claro que nem sempre é assim que se comportará — você vai aprender mais, processar a informação, decidir como ela afeta você, sua equipe, sua organização e a sociedade em geral. Como o seu barômetro emocional pode mudar com o tempo?

Memento mori

Uma vida num dia

Se você fosse viver sua vida um dia de cada vez, com base em "você pode não acordar amanhã" ou, quando você for para a cama, "você pode não dormir novamente", como isso afetaria sua vida e suas decisões?

- O que você faria hoje se este fosse seu último dia?
- Que arrependimentos você teria se este fosse seu último dia?
- Como você pode criar um maior senso de urgência em sua vida?
- O que você realmente quer alcançar?
- O que você é capaz de fazer que já tenha se negado?
- Como você analisaria sua vida?

Use esses lembretes e medite sobre eles diariamente — deixe-os serem os blocos de construção da atitude de viver a vida ao máximo, e não desperdiçar um segundo.

Uma vida em um ano

Embora todos possamos ter a certeza de que vamos morrer, esse é um fato que muitas vezes ignoramos. O tempo limitado que temos para viver, para trabalhar em nossas carreiras, para florescer em nossas organizações é muitas vezes negligenciado. Tire algum tempo para enfrentar esse fato — para reconhecer... "*memento mori*" — que, um dia, você vai morrer. E use isso como um estímulo para pensar como você quer viver uma vida útil no trabalho. Escreva uma lista de desejos com as metas que você gostaria de alcançar. Responda a esta pergunta: "O que faria se tivesse apenas um ano para trabalhar?"

Enfrentar a nossa mortalidade pode nos fazer apreciar o tempo e as oportunidades que temos à disposição. Pode nos fazer pensar no que realmente queremos alcançar, nos desafios e no que consideramos uma perda de tempo. Dessa forma, o fim inevitável é um estímulo à ação, à produtividade e à alegria.

Assuma a posição CRAB

O caranguejo (em inglês, *crab*) é uma criatura com uma casca protetora grossa. Defende ferozmente seu território e pode mover-se tanto para os lados como para trás e para frente. Essas qualidades oferecem-lhe resiliência no desafiador habitat oceânico.

Sempre que somos confrontados com a mudança, temos uma escolha sobre a forma como respondemos a ela. Podemos recuar ou avançar. Ou talvez possamos fazer um movimento lateral. Podemos responder com resiliência, treinar para enfrentar a mudança de forma construtiva, e encontrar outras oportunidades. Da próxima vez que for confrontado com uma mudança, indesejada ou bem-vinda, assuma a posição CRAB:

C – a mudança ou a perturbação *c*omeça
R – qual é a sua resposta *r*esiliente?
A – qual é a sua *a*titude em relação à mudança ou ao desafio?
B – como você vai se comportar (em inglês, *b*ehave)?

Por exemplo:

C – a alteração ou perturbação começa
– *A empresa para a qual você está trabalhando entra em recuperação judicial; seu trabalho está em risco.*
R – Qual é a sua resposta resiliente?
– *Minhas habilidades são transferíveis, serei capaz de levar meu aprendizado comigo, encontrarei outro emprego.*
A – qual é sua atitude em relação à mudança ou ao desafio?
– *Fico assustado e desapontado, mas vou conseguir lidar com isso e encontrar outra oportunidade, que talvez seja ainda melhor.*
B – Como você vai se comportar?
– *Não vou me culpar, vou reunir o máximo de informações que puder, vou tirar um tempo para procurar conselhos e explorar oportunidades.*

NOTAS FINAIS

1 Nietzsche, F. *Twilight of the Idols, on Maxims and Arrows*. Oxford: Oxford University Press, 1888/1998.

2 Nietzsche, F. *Twilight of the Idols, on Maxims and Arrows*. Oxford: Oxford University Press, 1888/1998.

3 Haidt, J. *The Happiness Hypothesis: Putting ancient wisdom and philosophy to the test of modern science*. Londres: Arrow Books, 2006.

4 Critchlow, H. *The Science of Fate: Why your future is more predictable than you think*. Londres: Hodder & Stoughton, 2019.

5 Ovans, A. *Harvard Business Review*, citando Bond e Shapiro, What resilience means, and why it matters. 5 jan. 2015.

6 Skogstad, A.; Einarsen, S.; Torsheim, T.; Merethe S e Hetland, H. The destrutiveness of laissez-faire leadership behaviour, *Journal of Occupational Health Psychology*, **12** (1), 2007, pp. 80-92.

7 Harlow, H. e Zimmerman, R. Affectional responses in the infant monkey, *Science*, **130**, 1959, pp. 421-432.

8 Emmy Werner, citado no *The New Yorker. How people learn to become resilient*, 11 fev. 2016, Maria Konnikova.

9 Pennebaker, J. *Opening Up: The healing power of expressing emotions*. Nova York: Guilford Press, 1997.

10 Brown, B. *Daring Greatly: How the courage to be vulnerable transformms the way we live, love, parent and lead*. Londres: Penguin, 2015.

11 Este exercício é adaptado de uma aula mais longa e detalhada, ministrada na The School of Life, disponível em: www.theschooloflife.com (arquivada em https://perma.cc/S6CM-EEMT), onde a inteligência emocional é ensinada em todo o mundo.

5

Liderança

Quando temos a oportunidade de liderar, estamos interessados em fazer um trabalho bem feito, em sermos líderes exemplares. Sabemos que precisamos ter uma boa performance, cumprir metas e gerir recursos. Além disso, temos de encorajar, motivar e gerir as necessidades emocionais de quem trabalha para nós. Precisamos criar um clima de confiança, ser inovadores, visionários, desafiadores e acessíveis.

Não é de se admirar que os líderes sintam uma enorme pressão para suportar o peso das tensões no trabalho — e isso requer força e resiliência. Mas também pode ser difícil para aqueles que são "seguidores". Desejosos de ser solidários e causar uma impressão positiva, eles têm que lidar com menos conhecimento e autoridade no trabalho, o que pode ser um desafio. Quando estamos nessa posição, precisamos de resiliência para lidar com os momentos em que erros são cometidos e decisões são tomadas sem conhecimento do quadro completo. Neste capítulo, vamos explorar o que a resiliência significa tanto para líderes como para "seguidores".

LIDERANÇA E RESILIÊNCIA

A resiliência nos líderes é uma preocupação dupla: como líder, você quer ser resiliente e apoiar a resiliência nos outros.

SEJA UM LÍDER RESILIENTE

A liderança é uma área aspiracional e altamente testada da vida profissional. Podemos fazer inúmeros cursos para desenvolver nossas habilidades de liderança e nosso potencial; há milhares de obras de literatura e centenas de *podcasts* sobre o assunto. Ao desenvolver o potencial de liderança, podemos nos esforçar para nos tornarmos líderes transformadores, líderes carismáticos, líderes visionários, líderes de apoio, líderes com autoridade ou líderes participativos. Os líderes têm a obrigação de empolgar, resolver ou controlar. A liderança tem muitos sabores e interpretações.

No entanto, para liderar, não é preciso estar numa posição de liderança. Podemos inspirar, influenciar, desafiar e orientar a partir de qualquer posição no local de trabalho. Assim, a liderança pode ser uma qualidade que aplicamos a partir de qualquer posição em uma organização: não precisamos ser o chefe de uma equipe para ser um líder dentro dessa equipe. Podemos influenciar e liderar através do exemplo e do caráter.

Qualquer que seja a forma de liderança, a resiliência é muitas vezes citada como uma das qualidades mais importantes que um líder pode possuir. E isso faz sentido: em tempos de constante mudança, fracasso persistente e exigências de maiores retornos, a resiliência é um recurso valioso para qualquer líder. Os desafios da vida profissional contemporânea — reestruturação, transição, alta rotatividade de pessoal, fracasso e criação de produtos — proporcionam o clima potencial para o desenvolvimento de uma postura de liderança resiliente.

Em tempos difíceis e desafiadores, as pessoas olham para seus líderes para contê-los e apoiá-los, ouvir as preocupações, lidar com decisões difíceis e assegurar que seus interesses serão levados em conta. Muito se espera dos líderes, portanto, para se ter sucesso e durar, é preciso ser resiliente.

APOIE A RESILIÊNCIA NOS OUTROS

Como líderes, temos, portanto, um papel importante a desempenhar na gestão dos medos e ansiedades daqueles que trabalham conosco. De forma ideal, os líderes nos oferecem um espaço limitado para trabalhar. Isso é conhecido como proporcionar "contenção": trata-se de um espaço seguro para florescer no trabalho, em âmbito emocional e físico.

A contenção é o processo ou meio para manter algo dentro dos limites. Em termos psicodinâmicos, e para nossos propósitos, contenção refere-se à capacidade de criar um espaço seguro para explorar ideias e possibilidades; remete à habilidade de sair do âmbito normal de operação. Quando temos de lidar com dificuldades inesperadas no trabalho — quando perdemos um contrato, ou quando um membro valioso da equipe sai, ou quando o clima político ou social força mudanças dramáticas na forma como fazemos negócios —, olhamos para os líderes para nos conter, para saber que é seguro mergulhar em águas desconhecidas.

Circunstâncias que testam nossa resiliência desencadeiam sentimentos de insegurança e vulnerabilidade. Nem todos estão conscientes do impacto das exigências adicionais na sua capacidade de trabalhar de forma eficaz, portanto, os líderes e gestores conseguem proporcionar a contenção que nos permite processar esses eventos e nos ajuda a ver que somos, de fato, resistentes o bastante para lidar com eles.

A RELAÇÃO ENTRE LÍDERES E "SEGUIDORES"

Líderes e gestores têm uma relação importante com as pessoas com quem trabalham. O líder é muitas vezes visto como aquele que possui o conhecimento, a influência e as habilidades que faltam à pessoa que se reporta a eles. Essas são as qualidades desejáveis que tornam o líder significativo. Tal dinâmica pode significar que as pessoas se tornem bastante dependentes do seu líder — de modo particular, se houver situações estressantes ou momentos desafiadores no local de trabalho.

Os "seguidores" podem parecer vulneráveis e carentes, e os líderes podem se ver respondendo a todas as preocupações e ansiedades. É possível que isso se torne um fardo pesado. Como já discutimos, os líderes precisam "conter" suas equipes e seu povo; no entanto, no esforço para serem cuidadosos e fortes, devem ser cautelosos para não sacrificar o senso de si mesmos ou se esvair de todas as reservas de energia. Vamos analisar a autocompaixão um pouco mais adiante no capítulo, como uma forma de prestar atenção a esse equilíbrio.

A relação entre um líder e um "seguidor", então, não é apenas uma transação fria. Em muitos casos, pode ser uma relação essencialmente emocional, e não racional. Os limites são importantes para permitir que o "seguidor" assuma o controle da sua área de trabalho, e para permitir que o líder administre as pressões sobre si próprio. Limites saudáveis encorajam as pessoas a construir as próprias capacidades e a cometer alguns erros ao longo do caminho, com o apoio do líder e o reconhecimento das realizações. Você se lembrará da questão do fracasso, à qual demos considerável atenção no Capítulo 2. O fracasso é uma parte essencial do desenvolvimento e do crescimento, para aqueles que ocupam posições de liderança e de não-liderança. Como líderes, nosso trabalho é ouvir e responder — e não levar tudo em conta. Esse é um exemplo de limite saudável e, dessa forma, podemos ajudar os funcionários a desenvolverem sua capacidade interna e resiliência, sem sacrificar nosso bem-estar na busca do deles.

COMO SER UM LÍDER RESILIENTE

Agora vamos olhar para algumas maneiras pelas quais podemos, como líderes, implementar limites e desenvolver a resiliência.

COMECE PEQUENO

Muitas vezes somos confrontados com desafios e problemas realmente grandes. Talvez um colega tenha sido diagnosticado com uma doença terminal, ou descobrimos que a nossa empresa foi vendida, ou estamos envolvidos num escândalo que surgiu nas redes sociais e na imprensa. Esses são tempos difíceis para construir a resiliência — não espere até estar sobrecarregado com problemas antes de começar a exercitar o músculo de resiliência.

Podemos iniciar com pouco, para aprender a lidar com as adversidades. Assim, por exemplo, você poderia começar por gerir seu desapontamento quando sua ideia não é aceita numa reunião, ou quando um executivo sênior se esquece de que se encontrou com você na semana passada. A ideia aqui é que podemos processar ativamente nosso desapontamento e mágoa, e sobreviver — além de *perceber* quando o fazemos. Dessa forma, exercitamos o músculo de resiliência e aprendemos a lidar com os imprevistos.

Assim, assumir a liderança um passo de cada vez vai ajudar a construir sua confiança e sua resiliência. Você não precisa ser o melhor líder desde o primeiro dia; pode praticar e testar, e cometer alguns erros, à medida que se torna o líder resiliente a que aspira ser. Todos nós sabemos que é irrealista ambicionar a perfeição — exceto quando isso se aplica a nós mesmos! Os exercícios no final do capítulo o ajudarão, seja você um recém-nomeado, aspirante ou líder estabelecido. Lembre-se: o melhor dos líderes está sempre aprendendo.

Você é mais forte do que imagina

Na nossa imaginação, somos, por vezes, muito mais frágeis do que nas situações que enfrentamos. Poderíamos lidar com demissões; poderíamos lidar com o trabalho em outro ambiente — mesmo quando nos sentimos como se não pudéssemos. Em geral, somos muito mais resilientes do que imaginamos. Veja o exercício no final do capítulo para identificar os momentos em que você encontrou a coragem e a resiliência que não esperava encontrar.

AUTOCONSCIÊNCIA E PONTOS CEGOS

O antigo aforismo grego "conhece-te a ti mesmo" é visto como uma fonte de sabedoria e conhecimento; de fato, Sócrates é creditado por dizer que a vida não examinada é uma vida que não vale a pena viver. Em *Leviatã* (1651), Thomas Hobbes usou o termo "leia-se a si mesmo"[1] para pedir aos estudantes de filosofia que olhassem para dentro de si, afirmando que havia mais a aprender examinando os pensamentos e sentimentos que influenciam nossas ações do que estudando filósofos.

Este livro, talvez de modo mais suave, encoraja os líderes a examinarem-se a si mesmos, seu estilo e comportamento de liderança; a pensar com profundidade sobre a forma como se comportam, como respondem ao estresse, como guiam e motivam os outros, e como se comportam quando as coisas dão errado.

Já discutimos como, enquanto líder, você está em uma posição diferente daqueles que lidera. Isso é tanto um privilégio como uma desvantagem. Ao assumir uma posição de liderança você perde a capacidade de falar de forma livre, fofocar e compartilhar pontos em comum com colegas. Precisa tomar decisões que, às vezes, encontram resistência, são criticadas e se tornam impopulares.

No entanto, como líder, você precisa desempenhar o papel da maneira que acha certa — e isso, às vezes, significa agir e fazer escolhas impopulares. Ninguém toma decisões apreciadas por todos — há sempre alguém menos do que satisfeito. Essa é a parte que cabe ao líder. Você precisa ter resiliência para lidar com isso.

Os líderes costumar estar em fluxo, gerindo pensamentos, sentimentos, crenças e ações construtivas e destrutivas, que definem a forma como atuam. Quando estamos ansiosos, com medo ou em dúvida, a adversidade pode nos atingir com força. Precisamos aprender a silenciar as vozes negativas que interferem em nossa autoconfiança e foco, e restaurar nossa integridade e força interior. O primeiro passo para fazer isso é perceber o que se passa.

Pode ser que, quando algo dá errado, você se culpe de imediato, pode ser que se acuse com múltiplos ataques sobre o que deveria ter feito, o que falhou em fazer, onde errou. Observar que essa é sua predileção pode ser útil, para que, da próxima vez que houver uma crise, você faça uma pausa e pense com cuidado e clareza sobre o que se trata a situação. Isso é algo que você pode controlar? É algo que consegue impactar?

AUTOCOMPAIXÃO

Como líderes, estamos provavelmente familiarizados com a ideia de sermos compassivos com nossos colegas de trabalho. A ideia de que líderes fortes e bem-sucedidos demonstram compaixão, bondade e humanidade para com aqueles que os rodeiam não é nova — todavia, essa ideia pode, por vezes, falhar, quando tentamos direcionar a compaixão para nós mesmos.

Mas será que isso importa? Afinal de contas, a autocompaixão soa um pouco vaga ou suave. É realmente uma habilidade robusta o suficiente para ser considerada desejável em líderes fortes? Bem, em resumo: sim. Os psicólogos estão descobrindo que a autocompaixão é uma importante fonte de enfrentamento e resiliência.[2]

Quando nos tornamos líderes, especialmente quando estamos em um papel formal de liderança, passamos de membro da equipe a algo diferente — e, às vezes, a um lugar isolado. Em vez de poder conversar à vontade com os colegas, passamos para uma posição de autoridade. Isso significa que precisamos ter mais cuidado com o discurso e reconhecer que o que dizemos pode ter implicações, peso e significado, enquanto, antes, o que falávamos era recebido de forma mais leve.

Assumir um papel de liderança também significa que estaremos sujeitos a julgamentos, alguns dos quais serão favoráveis e destacarão nossos talentos e pontos fortes. Mas muito disso será crítico e, às vezes, injusto. No cumprimento das funções de liderança, não podemos satisfazer às exigências de todos, e não podemos evitar ser objeto de culpa e hostilidade quando ocorrem eventos indesejados. Como um novo líder, você pode estar encontrando seu caminho e aprendendo sobre a maneira como as coisas funcionam. Pode ainda não ter encontrado o seu ritmo, ou não ter uma ideia clara de como quer se comportar nessa posição.

Tudo isso somado a uma importante conclusão: para desenvolver a resiliência necessária ao sucesso nessa posição, precisamos oferecer a nós mesmos um grau de autocompaixão, para nos dar tempo de desenvolver nossas habilidades de liderança. Mesmo como líderes estabelecidos, é importante saber que temos sempre espaço para desenvolver a nós mesmos e também nossas interações.

Como em qualquer aprendizagem, precisamos ter experiências repetidas da nova habilidade, ou capacidade para garantir que essas mudanças se tornem parte da maneira como operamos, parte de quem somos. Portanto, como líderes, precisamos estabelecer e reforçar os caminhos neurais da autocompaixão.

A ideia de "bom o suficiente" foi apresentada pelo psicanalista Donald Winnicott.[3] Ele encorajou os pais a se afastarem das aspirações de serem pais "perfeitos" (só para constar: isso não existe!); em vez disso, encorajou-os a se contentarem com a noção de bom o suficiente; a perceberem que, ao fornecerem as necessidades essenciais para um filho, já faziam o suficiente para garantir seu desenvolvimento seguro e saudável. Essa é uma ideia muito útil para se aplicar à liderança. Não há um líder perfeito, e só podemos nos esforçar para fazer o nosso melhor, para sermos bons o suficiente.

Essa é uma ideia libertadora que nos permite tolerar alguns erros e desvios na forma como lideramos e gerimos. O importante é que cumpramos nosso papel sem esgotarmos toda a nossa energia. Isso pode levar ao esgotamento e, como líderes resilientes, queremos manter algumas reservas de força para os inevitáveis contratempos e desafios que vão surgir.

GERENCIE SUA VOZ CRÍTICA

Uma coisa da qual os líderes precisam estar conscientes, e onde talvez seja necessário praticar a autocompaixão, é da voz crítica interna. Mudar seu diálogo interno, mudar a forma como você responde aos desafios de liderança, é uma habilidade que pode ser desenvolvida. Assumir o controle do diálogo interior é crucial. A resiliência é algo a se valorizar e estimar. Reconhecer que você precisa ser um líder resiliente é um primeiro passo muito bom. Jesse Sostrin, em *The Manager's Dilemma* (2015), descreve a resiliência como um ato pessoal de rebeldia. Ele vê a resiliência como uma oportunidade, um momento para enfrentar a adversidade e rejeitá-la, para descartar a demanda.[4] Os exercícios no final do capítulo o ajudarão a identificar onde você mais sofre com a adversidade.

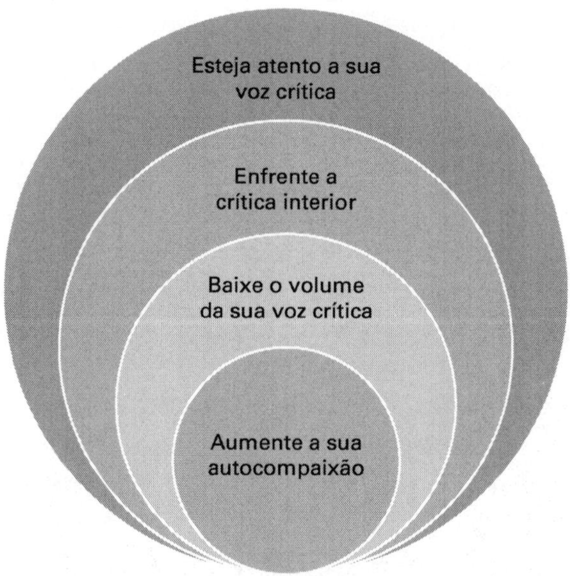

Figura 5.1 *Voz crítica*

A sua voz crítica interna pode dizer coisas como:

- Você é o líder; você deve saber.
- Você está fazendo um péssimo trabalho.

- Outra pessoa seria muito mais bem-sucedida.
- Acho que eles não deviam ter me contratado.
- Estou decepcionando a minha equipe.
- Eu cometi um grande erro.
- Ninguém me respeita.

Ao enfrentar sua crítica interior, você pode reconhecer:

- Sim, eu sou o líder, mas estou aprendendo.
- Há algumas coisas que eu estou fazendo bem.
- Não é útil me comparar com os outros.
- Devo ter confiança de que me contrataram porque sou capaz.
- Eu me preocupo com a minha equipe; estou fazendo o meu melhor.
- Cometi um erro, mas aprendi com ele.
- Tenho que aprender a respeitar a mim mesmo, o respeito dos outros virá com o tempo.

Baixe o volume da sua voz crítica:

- Serei gentil comigo mesmo.
- Esta é uma nova função.
- Eu fiz algumas coisas bem (liste-as).
- Eu trouxe essas habilidades para o trabalho (liste-as).
- Eu queria o emprego porque...
- Nenhum líder é perfeito.

Aumente a sua autocompaixão:

- Fale com você mesmo como se fosse um amigo valioso.
- Imagine uma equipe de apoio à sua volta; o que eles diriam?
- Dê tempo a si mesmo para aprender.
- Procure ajuda onde puder.

- Passe tanto tempo pensando em acertos quanto em erros.
- Note seus sucessos, por menores que sejam.
- Fortaleça sua compaixão interior, repetindo essas tarefas diariamente.

Pense na autocompaixão e considere como ela difere da forma como você trata as outras pessoas. Decidir ser mais gentil consigo mesmo vai construir sua capacidade de liderança e sua resiliência.

COMO VOCÊ É VISTO NO TRABALHO?

Nós olhamos para a forma como nos percebemos e nos tratamos — mas como você é percebido pelos outros no trabalho? Ter uma ideia clara de como somos percebidos pelos outros é mais difícil do que parece. Primeiro, nós não somos leitores de mentes! Para sabermos, em verdade, temos de perguntar às pessoas. Isso pode ser bastante desconfortável para alguns, e mesmo que achemos fácil pedir *feedback*, também pode ser algo que nos preocupa, pois podemos pensar que não resultará em uma resposta honesta.

Pergunte a si mesmo: você tem uma ideia clara de como é percebido em seu papel no trabalho? Às vezes é difícil reconhecer que a persona que pensamos incorporar não é a mesma enxergada pelos outros. É possível que:

- As pessoas o considerem crítico?
- Você seja conhecido como alguém que é um pouco impaciente?
- Ou que não é um bom ouvinte?

Também pode ser que você seja visto como:

- Um indivíduo bem-sucedido, que é um pouco intimidador?
- Alguém que não costuma cometer erros?
- Alguém que faz tudo parecer muito fácil?

Quando trabalhamos com pessoas, é difícil dar-lhes *feedback*, em especial se já trabalhamos com elas há algum tempo e se padrões na forma como trabalhamos juntos já foram estabelecidos. Embora gostássemos de sentir que somos o tipo de pessoa que é muito acessível e aberta ao diálogo, podemos não ser vistos dessa forma. Desenvolver nossa autoconsciência pode nos ajudar a desenvolver relacionamentos, reconhecendo onde estão nossos pontos fortes e como podemos promover alianças e parcerias mais estáveis.

Isso também pode nos ajudar a ver onde precisamos ser cautelosos, para enxergarmos as coisas que são mais difíceis para nós — por exemplo, impaciência ou deslumbramento pelo poder ou pelo encanto. Assim que tivermos notado nossas inclinações, podemos então trabalhar para geri-las. A autoconsciência pode nos ajudar a liderar de forma mais autêntica e a construir melhores relações.

FEEDBACK E RESILIÊNCIA — ENCORAJE-SE

Muito do que sentimos sobre nossas forças ou fraquezas está apenas nas nossas mentes. Construímos uma imagem forte de quem somos, de qual é nosso potencial e capacidade. Na maioria das vezes, nós nos subestimamos de modo terrível e, é claro, às vezes podemos inflar nossas habilidades e conhecimentos.

O *feedback* que damos a nós mesmos pode ser duro. Desenvolver uma abordagem mais gentil vai permitir, literalmente, que você se anime. Como diz o famoso ditado: "Se eu não fizer por mim, quem vai fazer? Se não for agora, quando?" (atribuído ao rabino Hillel). O psicólogo e escritor Rick Hanson escreve sobre como encontrar força interior, e recomenda um foco maior na orientação do que na crítica.[5] A diferença de abordagens contrasta o foco no que está certo e o exame dos erros, o potencial para construir um indivíduo e o potencial de destruir e derrubar um indivíduo.

RESILIÊNCIA COMO LÍDER E COMO "SEGUIDOR"

Como vimos, a liderança traz consigo inúmeros desafios e a necessidade de muita resiliência. Mas também há exigências para os "seguidores" — aqueles que não ocupam cargos de liderança. No passado, qualquer um que não fosse um "líder" tradicional era visto como um "seguidor" — alguém que é o oposto de um líder. Essa é uma dualidade que coloca a ênfase na força do líder.

No entanto, as organizações não são mais tão hierárquicas assim: é comum haverem estruturas horizontais, redes de equipes e uma ausência do domínio e controle que costumava permeá-las. Os "seguidores", ou aqueles que não são líderes, são essenciais para o processo de liderança — sem pessoas para liderar, não pode haver líderes! No entanto, é preciso enfatizar que as pessoas que não ocupam cargos de liderança não precisam ser passivas e, em tempos de trabalho em equipes sérias e de responsabilidade compartilhada, os "seguidores" têm um enorme papel a desempenhar.

Eles também precisam de resiliência para lidar com as exigências que lhes são impostas. Além disso, e talvez mais importante, devemos lembrar que mesmo aqueles que desempenham papéis de liderança muitas vezes têm que interagir com — e talvez "seguir" — outros líderes. Todos nós somos chamados em diferentes momentos a exercer tanto o papel de líder como o de seguidor — por isso é importante olhar para a resiliência em ambos.

OS SEGUIDORES NÃO SÃO TODOS IGUAIS

Os seguidores vêm em diferentes formatos. Há aqueles que olham para o líder para orientar todo o seu pensamento, para guiar e dirigir cada ação; precisam ser microgeridos. No extremo oposto da escala, há seguidores que estão ativamente empenhados e são proativos, e que demandam orientação mínima.

Os estilos de "seguidores" que exploramos aqui foram identificados pela primeira vez por Riggio *et al*, em *The Art of Followership* (2008). Esse livro identifica cinco descrições-chave dos estilos de seguidores: as ovelhas, as pessoas do sim, os alienados, os pragmáticos e os astros. Você vê a si mesmo ou alguém da sua equipe como um seguidor dessa lista? Pense em como um líder pode responder a esses tipos de seguidores de uma forma que demonstre sua resiliência e desenvolva sua capacidade como líder resiliente:

- **As ovelhas** — esses seguidores esperam que o líder os motive e pense por eles. Se você está liderando uma equipe de ovelhas, está sempre preocupado com o que vai pedir àqueles que trabalham para você e com o que eles devem fazer a seguir. Este seguidor exige muito do seu líder — precisa ser contido, dirigido e apoiado. Sua resposta resiliente precisará reconhecer a fragilidade de tal seguidor, mas encorajá-lo, com gentileza, a ter mais confiança nas próprias capacidades, dando-lhe apoio, sem a necessidade de segurar constantemente sua mão.
- **As pessoas do sim** — essas são as pessoas que jogam no seu time, sempre dispostas a dizer sim ao que você lhes pedir. Talvez confiem no líder para decidir o que precisa ser feito, mas tudo o que você pedir será executado com energia e entusiasmo. Esses seguidores são muito bem-vindos em qualquer equipe, mas são também uma grande responsabilidade para um líder, pois sua fé cega os torna vulneráveis à exploração. Esse tipo de seguidor pode testar sua resiliência, já que projeta toda a responsabilidade em você: como líder, você precisará incentivá-lo a se expressar e entender que você não espera que ele só diga sim, que você é resiliente o suficiente para resolver alguma dissidência.
- **Os alienados** — esses são os seguidores cínicos, que não estão dispostos a seguir o seu exemplo e sempre dão várias razões pelas quais a atividade não vai funcionar, mas não

apresentam qualquer alternativa viável. Podem pensar por si próprios, mas de forma negativa. Esses seguidores fazem exigências ao líder; são a voz da negatividade, que impede a ação de avançar; em resposta, o líder se sente pessoalmente atacado e sem apoio. Esses seguidores podem estar testando sua resiliência. Eles não vão mostrar os traços de apoio das ovelhas ou das pessoas do sim; em vez disso, se propõem a agravar o desafio. Você vai precisar de resiliência para garantir que está concentrado, apesar do cinismo alheio, para se manter forte diante da crítica contínua desse grupo.

- **Os pragmáticos** — normalmente ficam em cima do muro até descobrirem o que é melhor para si próprios antes de embarcarem. São apegados ao *status quo* e somente abandonarão a prática existente se não houver outra opção, e com relutância. Aqui não há lealdade ao líder: esse seguidor está pensando principalmente no que é melhor para si. Tal força dentro da equipe pode ser útil nos estágios de planejamento, mas quando você, na posição de líder, tiver decidido sua direção, a contribuição desse grupo poderá ser perturbadora. As necessidades pessoais deles vêm em primeiro lugar e, portanto, o pensamento do líder sobre o que é melhor para a equipe não vai ser um fator de consideração. Você precisará ser resiliente, claro em suas decisões e tolerar a resistência em apoiá-lo. Esse é o tipo de seguidor com quem você precisará afirmar sua autoridade.
- **As estrelas** — esses seguidores também pensam por si mesmos, mas têm uma energia muito positiva. Eles não aceitam tudo sem pensar e analisam as decisões do líder. Desafiam de forma construtiva. Alguns argumentam que os seguidores estrelas são líderes disfarçados — no entanto, isso é um desafio real à noção de que os seguidores também podem ser independentes e demonstrar um comportamento positivo.

Esse tipo de seguidor oferecerá muito a um líder, na verdade, ele pode ser de grande ajuda para lidar com alguns dos seguidores menos úteis listados acima. Um líder precisará ser resiliente o suficiente para lidar com a discordância, e também ser capaz de adaptar suas decisões para acomodar um *feedback* útil.[6]

O SEGUIDOR SOBRECARREGADO

Haverá seguidores menos autônomos, que talvez temam aparentar fraqueza, ou serem vistos como não colaborativos, já que assumem mais responsabilidade do que conseguem suportar, e acabam se afogando nas exigências do trabalho para não desapontarem o líder. Esses seguidores são vulneráveis e estão abertos à exploração, quer consciente, quer inconsciente.

Se você é esse seguidor, precisa reconhecer quais são suas tendências e tentar administrá-las. Se você está gerindo pessoas que parecem assumir tudo sem questionar, mesmo quando você sabe que estão sobrecarregadas, é preciso se conscientizar e resistir à tentação de sobrecarregar ainda mais o disposto funcionário. Como analista e especialista em relações de grupo, Wilfred Bion é creditado por dizer: "um bom líder faz um bom seguidor."[7] As qualidades de ouvir, compreender e dar apoio são igualmente válidas para líderes e seguidores.

ENCORAJE O COMPORTAMENTO RESILIENTE

O *feedback* foi identificado como uma boa maneira de nos entendermos melhor e de saber como somos vistos, mas também pode ser uma forma de encorajar um comportamento resiliente nos outros. Podemos ajudar a construir mais capacidade de resiliência ao reconhecer, de modo honesto, quando alguém saiu da zona de conforto, ou quando reconhecemos os esforços feitos para lidar com as dificuldades.

Dar às pessoas que trabalham para nós a oportunidade de desenvolver e expandir suas habilidades pode melhorar suas perspectivas de carreira, dar-lhes a oportunidade de testar a si mesmas e descobrirem onde estão seus pontos fortes e áreas de desenvolvimento. Como líder, dar à sua equipe a confiança para abraçar novas oportunidades envia uma forte mensagem de crença em suas capacidades, o que pode permitir que eles obtenham triunfos e sucessos que constroem autoconfiança e resiliência.

DESAFIOS PARTICULARES DE RESILIÊNCIA PARA OS LÍDERES

Os líderes vêm em todos os formatos e tamanhos, com diferentes personalidades, estilos, forças e dificuldades. A noção de um líder ser apenas um tipo de pessoa, em geral de uma certa idade, um certo gênero e um certo privilégio, está ultrapassada e é inútil. As noções convencionais de liderança devem ser desafiadas; há mais de uma maneira de liderar. Por exemplo, a ideia do executivo de vendas extrovertido é questionada pelo trabalho de Adam Grant sobre os ambivalentes. Ele propõe que aqueles que incorporam formas mais flexíveis de falar e de ouvir do que as do introvertido ou extrovertido (2013) têm mais probabilidade de obter sucesso.[8]

LÍDER INTROVERTIDO OU EXTROVERTIDO

A perspectiva de Carl Jung trouxe-nos a noção de diferentes tipos de personalidade; diferentes formas de pensar, de sentir e de se comportar. Ele identificou o padrão de tipos de personalidade introvertidos e extrovertidos. Com base em estereótipos, o introvertido está à vontade com o seu mundo interior de pensamentos e sentimentos. O extrovertido fica mais confortável com o mundo das pessoas e dos objetos; eles são mais voltados para o exterior do que para o interior. Essas noções, é obvio, são binárias e não refletem a complexidade de quem somos, mas são um ponto de partida útil para a autorreflexão e a autoconsciência.

Há um pressuposto tácito de que o líder costuma ser extrovertido, ter carisma, magnetismo, encanto e o potencial para encantar uma sala com sua capacidade de *networking*, talento para oratória e presença. Mas essa noção de que só um extrovertido pode ser um líder de sucesso deve ser desafiada. Esse viés de liderança é projetado para o extrovertido, a pessoa que prospera em uma situação de *brainstorming*, trabalho em equipe, compartilhamento de pensamentos e que evita a contemplação silenciosa. Os introvertidos podem ser subestimados. O trabalho de Adam Grant (2011) na Wharton aponta para a descoberta de que os introvertidos, muitas vezes, geram melhores resultados, porque permitem que as pessoas desenvolvam suas ideias e dão espaço para outras possibilidades.[9] O desafio do líder introvertido, então, é demonstrar que quem fala melhor nem sempre é a pessoa com as melhores ideias.

No trabalho, a ação pode ser mais valorizada do que a contemplação. O trabalho de Susan Cain (2012) sobre o poder dos introvertidos é valioso aqui, permitindo que os indivíduos estejam à vontade com suas escolhas de introversão ou extroversão.[10] A conexão com o verdadeiro eu é importante. Criatividade e liderança são pontos fortes do introvertido, e ter o poder da solidão para pensar e desenvolver ideias é valioso, tanto para o líder como para o seguidor.

Ser fiel a si mesmo pode impactar sua energia, força e resiliência. Se você precisa de um tempo tranquilo para se energizar e aproveitar sua forma preferida de trabalho, e está trabalhando em um ambiente onde isso não é possível, você vai sofrer. Se você é um extrovertido que está trabalhando como bibliotecário, onde se espera que o profissional seja quieto e contemplativo, você também sofrerá.

Estamos todos em um espectro de introversão e extroversão, e é importante notar onde você se encaixa nesse espectro, para que possa criar as circunstâncias que lhe permitam florescer e construir sua resiliência.

LÍDERES RECÉM-NOMEADOS

É um desafio ser um líder em qualquer altura da carreira, mas os gestores recém-nomeados passam por um período mais exigente. É claro que há muito para celebrar ao atingir um marco importante na carreira — mas também há muito para aprender, gerir e comunicar. Quando somos promovidos no mesmo local de trabalho, ficamos em uma situação em que pessoas que antes eram colegas próximos, até mesmo amigos, agora se tornam pessoas que administramos. É fácil, como um novo líder, cair nas seguintes armadilhas:

- **Microgerenciamento** — Quando nos tornamos mais resilientes como líderes, podemos abandonar a necessidade de controlar cada elemento das tarefas de trabalho. Podemos dar espaço às pessoas para fazerem o seu trabalho. Permitir que as pessoas sintam que você confia nelas é outra maneira de demonstrar sua força como líder, assim como permitir que elas cometam erros ao longo do caminho, como exploramos no capítulo sobre o fracasso.
- **Demonstração de liderança** — Como um líder recém-nomeado, você pode estar interessado em estabelecer sua autoridade e mostrar à sua equipe a forma como pretende liderar. Isso pode ser difícil quando não está confortável com seu estilo de liderança, e ainda está trabalhando na melhor maneira de assumir sua posição como líder. Você pode se sentir mais consciente de si mesmo, e pode ter que tomar a posição de "fingir até conseguir". O modelo de "competência inconsciente" pode ser útil para se ter em mente: todos levamos tempo para desenvolver fluxo em nossas habilidades e conhecimentos, e com a liderança não é diferente.

Figura 5.2 ***Competência inconsciente***

Começamos (1) por não ter consciência de que somos incapazes de fazer algo — por exemplo, usar uma nova tecnologia. Então, começamos a nos dar conta das situações e nos tornamos conscientes da nossa incompetência e da nossa incapacidade (2). Assim, gastamos tempo e esforço, e aprendemos uma nova habilidade que nos permite trabalhar com essa tecnologia. Isso pode parecer desajeitado e trabalhoso, mas é possível: isso é a competência consciente (3). Finalmente, após o tempo, conquistamos essa nova forma de trabalho. Não precisamos mais pensar sobre ela, podemos adicioná-la ao nosso *kit* de ferramentas e trabalhar com fluxo; isto é, com competência inconsciente (4).

- **Não perdoar os próprios erros** — Qualquer líder precisará dar orientação e direção quanto ao que se espera daqueles que trabalham com ele. As pessoas podem não gostar da mensagem que transmite, ou talvez, nos estágios iniciais da sua carreira de liderança, você não seja tão claro ou cometa alguns erros (estando ainda nos estágios 1 ou 2 acima, quem sabe). Um erro comum seria se culpar por esses erros de forma desproporcional; recusar-se a perdoar a si mesmo por seus erros. Em contraste, ser resiliente o ajudará a superar e a perdoar esses pequenos tropeços. Lembre-se: quando cometemos erros como líderes, demonstramos também que não somos perfeitos. Mesmo assim, nossas intenções são bem fundamentadas, e nós também vamos aprender e nos desenvolver, assim como esperamos que aqueles que trabalham para nós o façam.

DESENVOLVENDO A RESILIÊNCIA EM VOCÊ E NOS OUTROS

A vida profissional nos oferecerá muitas oportunidades de liderança, que podem ser convencionais e hierárquicas, ou podemos conduzir os colegas e companheiros de trabalho em questões que nos interessam muito, independentemente do nosso cargo. Podemos dar o exemplo àqueles mais velhos que nós, ou procurar um membro da equipe recém-nomeado e júnior. Liderança e acompanhamento são intercambiáveis, e ambos requerem uma capacidade de suportar demandas e desafios.

Como líderes, nossa resiliência será testada e teremos o elemento adicional de trabalhar com aqueles que lideramos, a fim de ajudá-los a construir resiliência e capacidade de recuperação. Os exercícios subsequentes o ajudarão a perceber sua capacidade inata de liderança resiliente e oferecerão algumas formas de trabalhar bondade e compaixão para conquistar a resiliência necessária para se desenvolver.

EXERCÍCIOS

Reconhecendo sua resiliência

Há momentos em que demonstramos resiliência no trabalho, mas nem sempre nos damos crédito por uma postura resiliente. Imaginamos que, se as coisas derem errado, vamos desmoronar. Mas pense num momento em que algo muito ruim aconteceu no trabalho. Talvez tenha havido um acidente, ou você foi despedido, ou houve um contrato perdido que você estava certo de que era seu. Pode haver outros casos que lhe venham à mente. Pense em como você lidou com essa adversidade:

1. Como você conseguiu?
2. Que medidas tomou para controlar as emoções?
3. A quem recorreu para pedir ajuda?
4. O que você aprendeu com esse evento?
5. Como você pode aplicar esse pensamento à adversidade futura?

Que experiência de adversidade você tem como líder?

Como você lidou com a adversidade durante pequenos desafios e grandes eventos?

Pequenos desafios

Enumere três dos pequenos desafios que você superou. Por exemplo, ter sua ideia rejeitada em uma reunião, não ser escolhido para participar de um evento da empresa, ser ignorado para um evento promocional etc.

1.
2.
3.

Grandes desafios

Que grandes questões você já superou? Demissão, perda de um cliente importante, um erro que você cometeu e que causou uma reação viral etc. Talvez haja apenas um — não importa, pense no que você conseguiu nessa escala.

1.
2.
3.

A autocompaixão como líder

Para este exercício, pense primeiro em alguém de quem você tem o dever de cuidar. Pode ser alguém que trabalha para você e que precisa de seus cuidados e gentilezas particulares — talvez essa pessoa esteja voltando ao trabalho depois de uma doença, ou tenha ficado profundamente desapontada por não ser promovida, ou talvez sua saúde mental esteja frágil ou esteja passando por alguns problemas familiares que cobram um preço. Talvez não seja alguém que trabalha para você — talvez um amigo esteja passando por um momento difícil, ou algum membro da família ou criança tenha precisado recentemente do seu apoio. Pense na situação e conecte-se ao sentimento de calor e apoio que você tem para oferecer.

Agora pense em *si mesmo* como alguém com quem você tem um dever de cuidado e gentileza:

- Como você falaria com você mesmo?
- Como você conduziria o seu dia?
- Quão diferente você se trataria?
- Você pode decidir cuidar melhor de si mesmo?
- Ao tomar essa decisão, você pode trabalhar para fortalecer sua determinação de autocuidado. Lembre-se: isso não é egoísmo; é um dever como líder. Você precisa usar a autocompaixão para construir sua resiliência — para fazer de você um líder melhor.

Carta para si mesmo

A autocompaixão pode ser difícil de aprender; porém, essa tarefa pode ficar mais fácil se você pensar em como apoiaria alguém de quem gosta profundamente. Como você aceitaria as falhas e encorajaria o desenvolvimento dessa pessoa?

Liste seus desafios

Quais desafios você enfrenta, no papel de liderança, que o fazem sentir-se inadequado? Quais são as coisas que você fez, ou não fez, que o fizeram sentir que não é bom o suficiente? Liste as imperfeições que o incomodam e que lhe causam angústia e preocupação. Exprima-se sem barreiras, identificando todas as inquietações e preocupações.

Imagine que os desafios são de outra pessoa

Pegue sua lista de desafios e leia-a com cuidado. Mas não a leia através dos próprios olhos; em vez disso, imagine que é um colega com compaixão e solidariedade especiais. (Ou você pode imaginar que os desafios são aqueles de alguém com quem se importa.) Como essa pessoa abordaria seus problemas? Ainda imaginando que você é essa pessoa, escreva uma carta para si mesmo, lidando com todas as preocupações. Escreva com o mesmo cuidado, atenção e consideração positiva incondicional com que essa pessoa escreveria.

Volte à carta mais tarde

Ponha a carta de lado e faça uma pausa. Volte à carta e leia suas palavras de compreensão, atenção e apoio. Esse é o sentimento de autocompaixão. Pratique isso muitas vezes, até ficar mais fácil tratar a si mesmo com gentileza.

Autoconsciência — que tipo de seguidor é você?

- Prefere receber instruções precisas?
- É leal e diligente?
- Precisa ser persuadido de que vale a pena fazer uma tarefa, ou segue as orientações cegamente?
- Como você gosta de ser reconhecido?
- Que tipo de relacionamento você gosta de ter com seu líder:
  - formal;
  - amigável;
  - muito liberal?

Uma vez que você tenha uma ideia clara de sua maneira preferida de seguir, converse com seu gerente. Explique sua preferência e pergunte se isso funciona bem para ele. Esteja preparado para considerar outra abordagem.

Identificação dos tipos de seguidores

No início deste capítulo, identificamos diferentes tipos de seguidores, conforme definido por Riggio. Desenvolver sua autoconsciência pode ajudá-lo a considerar com mais cuidado seu comportamento de seguidor, e a decidir se gostaria de adotar uma abordagem diferente. Como líder, você pode pensar nos seguidores que tem na equipe e nas diferentes formas de apoiá-los e encorajá-los.

O tipo de comportamento de seguidor que adoto é muito parecido com:

A ovelha — espero que meu líder me motive e faça toda a reflexão. Seguirei as instruções, mas não pense que sou capaz de fazer mais.

A pessoa do sim — estou do lado do meu líder; farei tudo o que puder para apoiá-lo. Não me ocorre dizer não a um pedido, por menos razoável que seja. O meu líder me diz o que fazer, e eu faço.

O alienado(a) — não confio no meu líder; estou constantemente questionando se existem outros cursos de ação viáveis que seriam melhores. Tenho tendência a pensar negativamente.

O pragmático (a) — gosto de me decidir devagar, trabalhando qual é o melhor resultado para mim antes de me comprometer. Eu não gosto de mudanças sem propósito; isso me deixa perturbado e inquieto.

A estrela — consigo pensar por mim mesmo. Posso desafiar as decisões, mas faço isso de forma construtiva. Estou interessado em partilhar as minhas ideias e apoiar as decisões, uma vez pensadas. Eu sou positivo.

O seguidor sobrecarregado

Como seguidor, há momentos em que você se preocupa em parecer fraco ou não jogar em equipe? Já houve ocasiões em que você disse "sim" para assumir trabalhos que não tem capacidade para fazer? Conseguiu compartilhar isso com seu gerente/líder? Que medidas você pode tomar para se aliviar? Por exemplo:

- Diga ao seu gerente que você está com problemas; tente organizar um momento para uma reunião presencial em que possa ser honesto sobre como você se sente.
- Encontre um colega de confiança e compartilhe suas preocupações.
- Seja gentil com você mesmo e aceite que não pode fazer tudo.
- Prepare-se para negar algumas tarefas. Não se pode fazer tudo.
- Certifique-se de que tem tempo todos os dias para se desligar do trabalho.

NOTAS FINAIS

1 Hobbes, T. *Leviathan*. Londres: Penguin, 1651.

2 Neff, K. *Self Compassion: Stop beating yourself up and leave insecurity behind*. Nova York: Harper Collins, 2003.

3 Winnicott, D. *Through Pediatrics to Psychoanalysis: The collected papers of D W Winnicott, Basic*. Nova York: 1975.

4 Sostrin, J. *The Manager's Dilemma: Balancing the inverse equation of increasing demands and shrinking resources*. Londres: Palgrave Macmillan, 2015.

5 Hanson, R. *Resilient: Find your inner strength*. Londres: Penguin, 2018.

6 Riggio, R.; Chaleff, I.; Lipman-Blumen, J. *The Art of Followership*. Nova Jersey: Wiley, 2008.

7 Bion, W. Attacks on linking, *International Journal of Psychoanalysis*, **40**, 1959, pp. 308-315.

8 Grant, A. Rethinking the extraverted sales ideal: the ambivert advantage, *Psychological Science*, 8 abr. 2013, doi:10.1177/0956797612463706

9 Grant, A.; Gino, F. e Hofmann, D. Reverting the extraverted leadership advantage: the role of employee proactivity, *Academy of Management Journal*, **54** (3), 2011, pp. 528-550.

10 Cain, S. *Quiet: The power of introverts in a world that can't stop talking*. Londres: Penguin, 2012.

6
Conflito

O conflito se expressa no trabalho de muitas maneiras diferentes: dois colegas que não parecem se dar bem; uma atmosfera tensa; uma troca acalorada de palavras ou um procedimento formal; ou até mesmo uma ação disciplinar. O conflito também pode ser menos formal — pode manifestar-se na rivalidade ou na ausência de confiança e cooperação. Outro comportamento pode ser ainda menos óbvio: pessoas que evitam participar de certos eventos, que tiram licença médica ou pedem para se mudar para outro departamento, ou talvez, em última análise, que escolhem deixar a organização. O conflito nem sempre é fácil de identificar para aqueles que não estão diretamente envolvidos, mas para as partes no centro do encontro é provável que seja uma tensão significativa e desgastante.

Este capítulo vai analisar a relação entre conflito e resiliência. Vamos considerar o estresse e a forma como gerimos nossos conflitos internos e externos, e olhar para algumas estratégias e exercícios que nos ajudem a lidar e a melhorar nossa resiliência em conflitos.

COMO COMPREENDER O CONFLITO NO TRABALHO

O conflito é complexo. Em seu cerne, é percebido como uma ameaça, e isso leva a sentimentos de ansiedade e medo. À medida que o conflito se desenvolve, as consequências podem espiralar para o indivíduo, seus colegas e a organização. As pessoas tomam partido, sentem-se apoiadas ou não, as pessoas envolvidas no conflito sofrem e as testemunhas do conflito também são afetadas. Todas essas atividades e emoções podem testar a resiliência de um indivíduo — por isso é importante entender o que significa o conflito, o que o alimenta no trabalho e as diferentes maneiras pelas quais isso ocorre.

O TRIÂNGULO DO CONFLITO

O conflito é expresso de várias maneiras, como ilustrado pelo triângulo de conflito abaixo. Pensando nas diferentes partes de uma situação de conflito, temos a questão em si (problema); as partes envolvidas (pessoas); e os eventos que ocorrem antes e depois do problema (processo). Uma mudança em qualquer um desses elementos levará a um resultado diferente e a um grau diferente de perturbação.

O conflito é impactado e vivido de forma diferente em nível **pessoal**. Isso depende:

- da história das relações — a ausência ou experiência de conflito;
- do quão experiente você é nos conflitos do trabalho;
- se esta é a primeira experiência de uma disputa no trabalho;
- se existe um padrão de disputas;
- do seu estado de espírito e estado de vida no momento (saúde, família, bem-estar);
- se o seu quociente de resiliência é baixo ou alto.

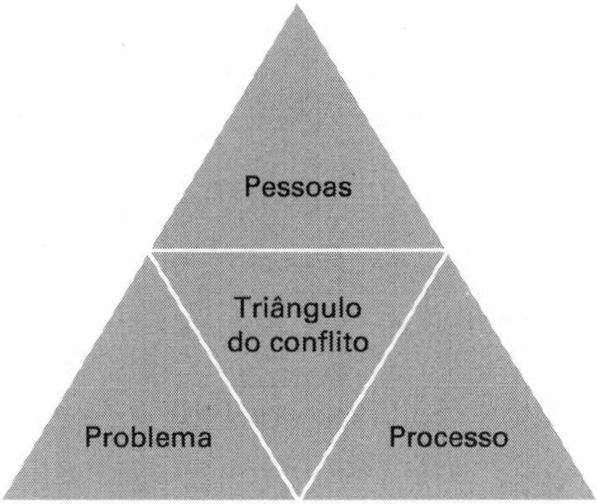

Figura 6.1 ***O triângulo do conflito***[1]

O conflito não aparece isoladamente; ele faz parte de um **processo**:

- Como as pessoas estão se comportando?
- Qual é o padrão de interação?
- Quem mais é impactado?
- Como se espalhou?
- O que tem ajudado?
- O que causou o agravamento da situação?
- Qual é a cultura da organização?

Depois há o **problema** em si:

- Qual é o conteúdo do conflito?
- Quais são os fatos que rodeiam o conflito?
- Quais são as principais questões e interesses?
- Quais são as razões por trás do conflito?
- Quando isso apareceu pela primeira vez?
- Quão diferentes são as interpretações das partes sobre o conflito?
- Quem é impactado?

Há, portanto, muito a considerar quando enfrentamos conflitos — e há um enorme potencial para que os conflitos se espalhem, afetando indivíduos, relacionamentos, tarefas e decisões, e, às vezes, até organizações inteiras.

CONFLITO E ESTRESSE

Conflito e estresse estão intimamente ligados. Num círculo vicioso, o estresse pode levar ao conflito, e o conflito causa estresse. Num estado de espírito estressado, somos vulneráveis; ficamos mais susceptíveis à infecção e ao frio, e pequenas mudanças nos impactam muito. Isso é verdade, de modo particular, nos relacionamentos, já que nos tornamos menos resistentes às palavras dos colegas, às ações que percebemos como injustas ou indelicadas. Às vezes estar na presença de alguém que nos estressa pode criar desequilíbrio e levar ao conflito.

Quando temos um encontro difícil no trabalho — talvez nosso gerente nos chame para seu escritório e nos faça críticas, dizendo que somos injustos e agressivos, ou um colega de trabalho competitivo nos provoque — isso pode desencadear um gatilho no cérebro, acionando a resposta de luta ou fuga. Logo, quando precisamos dos nossos recursos, nossa capacidade de pensar com clareza falha.

Esses encontros podem durar apenas alguns minutos — mas, muitas vezes, não terminam quando saímos do escritório. As ramificações podem permanecer conosco e tomar conta de todo o nosso dia, perturbando até mesmo nossa noite de sono. Portanto, a porcentagem da vida profissional influenciada pelo conflito não está relacionada apenas com a quantidade de espaço que o conflito ocupa em nossa mente. Podemos ruminar e nos preocupar por muito, muito mais tempo.

Não se preocupe com isso

Mais adiante no capítulo, analisaremos algumas formas de responder ao conflito, mas uma sugestão para lidar com o ciclo estresse-conflito é a seguinte: desenvolver uma capacidade de "não se deter" em situações estressantes. Isso pode parecer mais fácil de dizer do que fazer, mas há truques e técnicas que podem ajudar. Talvez o que funcione para você seja se distanciar da situação estressante, enquanto ocupa a mente com algo que distrai seus pensamentos. Isso pode ser uma tarefa desafiante, um quebra-cabeça ou mesmo um jogo de computador. A pior coisa depois de um encontro estressante é deitar-se no sofá e não fazer nada; assim, o estresse ficará mais tempo com você, infiltrando-se na sua noite e até mesmo no dia seguinte.

BULLYING NO LOCAL DE TRABALHO

O *bullying*, embora parecido, é um fenômeno diferente do conflito normal no trabalho. Por definição, o *bullying* é um conflito sustentado, repetido regularmente durante um período de tempo, e que apresenta um desequilíbrio de poder unidirecional. O *bullying* pode aparecer em qualquer organização e em qualquer indústria. Foi definido da seguinte forma:

> Praticar *bullying* no trabalho significa assediar, ofender, excluir alguém das relações sociais ou prejudicar suas tarefas de trabalho... precisa ocorrer de forma repetida e regular (por exemplo, toda semana) e durante um determinado período de tempo (por exemplo, cerca de seis meses). O *bullying* é um processo crescente no decurso do qual a pessoa confrontada acaba numa posição inferior e se torna alvo de sistemáticos atos sociais negativos. Um conflito não pode ser chamado de *bullying* se o incidente for um evento isolado, ou se duas partes de "força" semelhante estiverem em conflito.[2]

O *bullying* tem um impacto negativo no bem-estar dos seus alvos, tanto em termos psicológicos quanto físicos, mas também afeta aqueles que são espectadores dos crimes e aqueles que são acusados de *bullying*. Provoca sentimentos de angústia, humilhação e ofensa, perturba o trabalho, além de criar um ambiente profissional desagradável para todos aqueles que experimentam e testemunham o comportamento.

Todas as situações de *bullying* são diferentes; podem ser complexas, e os indivíduos podem responder de formas distintas. Podemos ter uma tolerância e um limiar diferentes para o comportamento de *bullying* em diferentes contextos e em diferentes momentos. Se é a primeira vez que enfrenta um cenário de *bullying*, estará equipado de forma diferente do que se já tivesse passado por essa experiência antes. Quer seja a primeira vez ou uma segunda ou terceira situação, se você está enfrentando *bullying* no local de trabalho, há medidas que deve tomar para se proteger.

Aryanne Oade explora as armadilhas do *bullying* no local de trabalho e apresenta algumas estratégias de proteção em *Become Bully-Proof and Regain Control of Your Life* (2015). Ela sugere:

- Tente responder de forma oportuna, ou seja, rápido. Isso significa que as questões podem ser abordadas sem maiores consequências.
- Coloque as questões de volta ao agressor, fale de forma clara e explique quais são os fatos. A maior parte da linguagem do *bullying* contém apenas elementos de verdade.
- Tente adotar uma linguagem corporal confiante. O valentão brinca com o poder. Mostre a ele que está no controle com sua fisicalidade, mesmo que você se sinta um pouco assustado.
- Tome nota do que se passou e registre a data e a hora.
- Se a situação persistir, fale com o seu gerente ou com o RH.[3]

Procure também por *websites* e redes de apoio onde você tenha acesso a especialistas em disputas de *bullying* e assédio no local de trabalho, para receber orientações e soluções práticas.

Sheila White (2013) explora a psicodinâmica do *bullying* no ambiente profissional e oferece algumas estratégias para que as vítimas se protejam contra a reincidência do *bullying*:

1. Reaja rápido; não permita que a situação se agrave.
2. Estabeleça limites claros. Ou vá embora ou explique num tom claro e inabalável que ela ou ele tem de parar.
3. Seja profissional. Não fale sobre como se sente, fale sobre os fatos. Ensaie o que for dizer aos Recursos Humanos para que seja claro.
4. Caso se sinta traumatizado, procure ajuda de um conselheiro ou terapeuta.
5. Reescreva sua história. Quando você já foi intimidado antes, é fácil acabar voltando para uma posição de vítima: "Pobre de mim..." Em vez disso, conte a história do que você gostaria que acontecesse, com um resultado diferente.[4]

Bullying e resiliência

Lidar com o *bullying* no local de trabalho é, como podemos ver, um assunto diferente de lidar com conflitos normais no local de trabalho — mas isso não significa que o desenvolvimento da resiliência não tenha lugar na forma como podemos lidar com uma situação grave. O professor Andreas Liefooghe (2010), especialista em *bullying* no local de trabalho, diz que a resiliência nesse contexto aumenta a tolerância à frustração.[5] Pode ser tentador, preciso e conveniente usar uma narrativa de intimidação ao considerar uma situação — mas, se você é capaz e está em posição de fazê-lo, talvez seja mais útil tentar entender o comportamento no contexto. A resiliência pode ajudar nisso, permitindo-nos não saltar à conclusão óbvia de desconforto, mas resistir ao impulso de encerrar situações complexas mantendo-se a perspectiva "eles x nós".

COMO RESPONDER A CONFLITOS NO TRABALHO

Tendo explorado algumas das causas, impactos e diferentes formas que o conflito pode assumir no trabalho, como podemos responder a ele?

A LENTE NEGATIVA DO CONFLITO

Quando exploramos o conflito, muitas vezes é sob uma ótica negativa. As pessoas veem, muitas vezes, a perspectiva de conflito com medo, e com a sensação de que ele não ajuda; com certeza, a maioria não sente entusiasmo pelo conflito no trabalho. No entanto, sabemos que algum tipo de conflito profissional é inevitável. A pesquisa identificou que o estresse induzido pelo conflito pode criar problemas físicos e psicológicos, que podem levar a uma redução na produtividade, alta rotatividade de pessoal e até mesmo *burnout*.[6] Em consequência, é imperativo lidar com o conflito no trabalho de uma forma que ajude as pessoas a gerirem o próprio estresse e a perturbação.

É importante notar que lidamos com conflitos de maneiras diferentes em momentos diferentes. Quando estamos com o psicológico forte e seguro — quando somos resilientes —, podemos lidar com desafios e perturbações a partir de uma base segura, e temos menor probabilidade de ser desviados do curso. Portanto, nosso estado de espírito tem impacto, quer o conflito seja uma experiência negativa ou uma experiência de aprendizagem. Todos nós também estamos ligados de forma diferente quando se trata de conflito; temos diferentes níveis de tolerância para recuar ou discordar. Para alguns, apenas o acordo absoluto de cada ponto é aceitável, enquanto outros estão felizes por serem desafiados e questionados, e veem isso como essencial para o processo criativo da vida profissional.

Todos nós, porém, quando nos sentimos ansiosos ou pressionados, podemos facilmente cair em um comportamento inútil ou disfuncional. Pensar no comportamento conflituoso pode nos ajudar a compreender as formas como o conflito afeta nossa resiliência. Se somos combatentes que lutam contra todas as dificuldades com fogo e fúria, quais consequências isso pode ter na nossa força e bem-estar, para não falar na dos nossos colegas? Ou, se formos propensos a negar, não reconhecendo que existem problemas e fugindo de conflitos, isso pode nos proteger no curto prazo, mas não faz nada para construir nossa resiliência.

O conflito *fará* parte da experiência de trabalho; não pode ser evitado para sempre. Se congelarmos no medo, incapazes de responder, pois a experiência é desagradável demais, não teremos nenhuma chance de desenvolver capacidade para lidar com situações de conflito no trabalho. Enfrentar o conflito de forma construtiva e fundamentada nos dá a oportunidade de construir resiliência e desenvolver táticas para lidar com o próximo contato com a discórdia.

RESPOSTAS TÍPICAS AO CONFLITO

Adotamos algumas respostas típicas ao conflito. O Advisory, Conciliation and Arbitration Service (ACAS), órgão público do governo do Reino Unido que se propõe a melhorar a vida profissional, identificou essas respostas como luta, fuga, congelamento e enfrentamento.

Com qual(is) você se identifica?

1. **Luta**
   Quando face a um conflito, você confronta. No trabalho, isso pode significar gritar ou perder a calma. Talvez você conheça alguém no trabalho que tenha grande chance de "explodir" se houver um erro. Eles podem ser temidos e quase sempre não são apreciados, por comportamentos desagradáveis quando as coisas não correm como esperado ou planejado. Tais indivíduos podem ser acusados de *bullying* e não convidariam ao diálogo construtivo. A objeção impetuosa também pode

enquadrar-se nessa categoria de resposta a conflitos, por exemplo, quando os trabalhadores sentem que seus direitos foram violados ou que uma promessa foi quebrada.

2. **Fuga**
   No modo de fuga você evita o problema. Essa é uma reação comum. Ao ignorar um problema, você espera que ele vá embora. Muitas pessoas, ao descreverem sua relação com o conflito, vão dizer que apenas tentam evitá-lo. Fazem vista grossa, afastam-se, toleram dificuldades ou tomam a decisão de trabalhar de forma diferente. É estressante e desconfortável enfrentar uma situação de conflito, seja pessoal ou entre os que lhe são próximos, por isso, em vez disso, você não faz nada. Isso pouco adianta para aliviar a situação, e pode até piorá-la.
3. **Congelamento**
   Na forma de congelamento, você fica incapaz de reagir. Não tem certeza do que deve dizer ou fazer, e fica congelado; você se torna totalmente passivo. Pode até dizer coisas como "não sei o que fazer", ou "estou sem saber o que fazer". Pode contribuir para um conflito durar mais do que o necessário através da sua indecisão e incapacidade de fazer as coisas avançarem. Isso também pode ser uma resposta do tipo "ficar paralisado"; o medo nos congela, e as consequências podem ser perigosas para todos os envolvidos.
4. **Enfrentamento do conflito**
   Quando enfrentamos um conflito, abordamos um problema de forma calma, racional e planejada. Entramos em conflito e, ao fazê-lo, melhoramos a resiliência. Essa é uma abordagem eficaz. Exercícios como o alfinete de Chartier, no final do capítulo, podem ajudá-lo a desenvolver essa resposta ao conflito.

A VIRTUDE DO CONFLITO NO LOCAL DE TRABALHO — O CONFLITO PODE SER ÚTIL?

Alguns argumentam que o conflito no local de trabalho pode realmente ser benéfico; que pode ser um catalisador para a criatividade, a resolução de problemas e a demonstração de uma vontade de entreter múltiplos pontos de vista. Essa é uma visão tentadora, mas as evidências dos resultados positivos dos conflitos no local de trabalho são bastante limitadas, e os resultados negativos parecem superar, em grande parte, qualquer experiência positiva de conflito.[7]

Portanto, por mais tentador que seja para alguns, devemos resistir ao impulso de ver o conflito no local de trabalho como uma coisa boa. Mas isso não significa que não possa haver efeitos positivos — por exemplo, a noção de que mais prejudicial é o que permanece escondido sugere que o conflito é capaz de, por vezes, oferecer um barômetro da saúde organizacional. Se os medos, a perda de confiança e a animosidade permanecerem enterrados, vão causar danos individuais e coletivos.

Uma organização que apresenta uma imagem impecável está suscetível a ter algum ressentimento e raiva reprimidos abaixo da superfície, pois apresentar essa imagem perfeita nega às organizações, e às pessoas que nelas trabalham, a oportunidade de abraçar o conflito como parte da forma de trabalho e desenvolvimento.

CRESCIMENTO PÓS-TRAUMÁTICO

É possível que você já tenha ouvido falar de transtorno de estresse pós-traumático (TEPT). Essa é uma desordem que alguns indivíduos desenvolvem depois de terem sido expostos a um evento traumático — guerra, ameaça à vida, assalto etc. Após o evento, o indivíduo sofre um profundo transtorno mental e físico, que pode provocar uma série de sintomas, desde pensamentos e sentimentos perturbadores até uma incapacidade debilitante. A resposta de luta/fuga é desencadeada —

isso também pode levar os indivíduos a enterrarem o trauma, o que, por sua vez, causa problemas tardios. Em um contexto de trabalho, os casos de TEPT são menos frequentes do que em uma zona de guerra, mas agressões, incêndios e até mesmo ataques terroristas podem se infiltrar na vida profissional.

O crescimento pós-traumático (CPT), por outro lado, é a noção de que, após a experiência do trauma, os indivíduos podem se beneficiar do sofrimento de alguma forma. Por exemplo, podem desenvolver uma maior resiliência. O crescimento pós-traumático não é uma ideia nova — civilizações e religiões antigas sempre defenderam o sofrimento como um meio de produzir uma experiência de vida com potencial transformador , mas o termo "crescimento pós-traumático" foi cunhado pelos psicólogos americanos Tedeschi e Calhoun, em meados da década de 1990.[8] Suas pesquisas mostram que até 90% dos sobreviventes de trauma relataram pelo menos um elemento de crescimento pós-traumático, por exemplo, uma sensação de uma renovada apreciação pela vida.

Então, como isso se encaixa com a pesquisa que mencionamos acima, que mostra que o negativo supera o positivo com conflitos e traumas? Bem, é importante notar que o crescimento *não* é um resultado direto do trauma. Em vez disso, é preciso trabalhar para criar esse crescimento. O crescimento pós-traumático reflete a luta dos indivíduos para enfrentar sua nova realidade após o evento traumático; esse é o elemento crucial para facilitar uma experiência de crescimento. Se aplicarmos essa ideia ao conflito na vida profissional — trabalhando através do conflito e refletindo depois —, podemos transformar uma situção negativa em positiva, e nos permitir aprender e crescer.

Também pode haver outros benefícios de se trabalhar através de um conflito. Por exemplo, aprender a procurar ajuda. Embora seja uma forma contraintuitiva de pensar, experiências negativas no local de trabalho podem levar a uma maior resiliência. Mesmo resultados negativos para a saúde, como ter problemas para dormir ou problemas digestivos, têm a capacidade de encorajar os indivíduos a se envolverem em comportamentos que promovam a resiliência, por exemplo, procurando orientação e ajuda.

COMO PROMOVER A RESILIÊNCIA EM CONFLITOS

Há uma série de maneiras de construir, melhorar e incorporar a resiliência como resultado de conflitos. As ideias a seguir podem ajudar a agregar condições que promovem resiliência.

Senso de controle

Numa situação de conflito, a resiliência será promovida, ou mantida, se você for capaz de preservar seu equilíbrio e manter um senso de controle. Isso pode parecer um ajuste à experiência do conflito, mas depois você avança de forma positiva; emerge intacto, com compreensão, conhecimento e experiência adicionais.

Listar as questões que precisam ser tratadas pode ajudá-lo a conter seus sentimentos em torno do conflito, antes de passar para a resolução do problema. A resolução ativa de problemas também pode promover a resiliência quando se lida com conflitos, bem como ajudar nossa sensação de bem-estar e autoeficácia.

De Dreu *et al* (2004) descobriram que estar envolvido na resolução das dificuldades enfrentadas levou a um maior senso de controle e melhoria da saúde.[9] Lidar com o conflito pode ter um impacto positivo no bem-estar. Isso pode ser um desafio para algumas pessoas que esperam que os problemas apenas desapareçam. Enfrentar o conflito pode exigir coragem. Podemos também precisar aprender como resolver conflitos e identificar diferentes técnicas de resolução de problemas.

Manifeste-se

Sentir-se isolado e sozinho é uma queixa comum entre aqueles que estão envolvidos em uma situação de conflito. Talvez se sintam como se não fossem notados, que seus líderes não se importam, e que os colegas só estão gratos por não serem objeto de ataque. Assim, pedir apoio ou encorajar os colegas a falar pode ser uma forma valiosa de garantir que comportamentos desagradáveis que perturbam o desempenho possam ser cortados pela raiz.

Declarações de combate à intervenção, que colocam as pessoas de uma maneira que não envergonha o instigador dessas declarações, ajudam a criar uma cultura de comportamento civilizado e inclusivo no trabalho. Aqui estão alguns exemplos de como isso funciona na prática:

- Quando você é responsabilizado por uma reunião infrutífera com um cliente, pode responder: "Vejo que a reunião não correu como você esperava, mas não foi apenas minha responsabilidade. Eu me preparei para a minha parte da agenda."
- Se você for acusado de estar distraído com questões pessoais quando, de fato, está lidando com questões de trabalho, pode responder: "Na verdade, estou lidando com uma questão de trabalho importante."
- Talvez você seja criticado por estar atrasado de novo, quando, na verdade, é a primeira vez que você se atrasa. Você deve corrigir isso — "Valorizo minha pontualidade, e esta é, na verdade, uma ocasião rara devido a um cancelamento de trem (etc.)."

Isso pode exigir coragem, mas respostas claras e factuais ajudarão a controlar comportamentos de conflito inúteis.

Crescendo a partir da adversidade

A noção de crescer a partir da adversidade pode ajudá-lo a desenvolver resiliência. Um estudo dos assistentes sociais descobriu que a resiliência era o resultado inesperado do *bullying* no local de trabalho, e que isso era verdade, em particular, quando a pessoa que vivia o *bullying* era apoiada por pessoas que testemunhavam suas dificuldades e seus gestores. Transformar relacionamentos desagradáveis e comportamentos de *bullying* em uma oportunidade de desenvolver estratégias para lidar com a situação pode ajudar ainda mais a resiliência nos locais conflituosos de trabalho. Embora nunca encorajado ou bem-vindo, aqui o conflito também pode ajudar os indivíduos a ressignificarem suas experiências e a concentrarem-se nas lições aprendidas.

Van Heugten (2013) cita, em sua pesquisa, participantes que juraram, como resultado de suas experiências de *bullying* no trabalho, terem se tornado melhores colegas e gerentes mais compreensivos. As pessoas em seu estudo demonstraram resiliência ao encontrar oportunidades de desenvolvimento profissional e crescimento pessoal.[10]

Converse

Encontrar alguém com quem possa conversar sobre a sua situação pode ser um primeiro passo muito importante e útil. O apoio social pode ser vital no trabalho, permitindo que você desestresse e desabafe. Com quem você escolhe falar é importante; tente encontrar um indivíduo neutro e respeitado, que ouça sem julgamento. Quando compartilhamos nossa angústia, pode ser contraproducente fazê-lo com um indivíduo que vai alimentar a emoção negativa que estamos sentindo, por mais tentador que seja. O importante é que você quer ser ouvido e, ao falar sobre isso dessa maneira, também ganhará clareza sobre o que mais o perturba.

Mediação e ajuda externa

Às vezes é necessário recorrer à ajuda fora da organização e do ambiente de conflito. A mediação é um processo simples que permite que as partes sejam ouvidas, e que dá a todos a oportunidade de lamber suas feridas num ambiente neutro, mas compreensivo. Quando você está enfrentando um conflito travado no trabalho, a mediação pode ajudar.

Um mediador pode ser útil para ajudar a resolver disputas, trabalhando junto a todas as partes em conflito e permitindo que relacionamentos problemáticos sejam curados. A mediação pode ser bastante eficaz na resolução rápida de problemas. É claro que nem sempre é útil; ambas as partes têm de querer que o conflito seja resolvido, mas é uma intervenção, em geral, bem-sucedida. A mediação pode não acabar com todos os elementos do conflito, mas pode proteger contra novos danos e estabelecer uma rota mais completa de resolução. O objetivo da intervenção é, em última análise, alcançar uma melhor compreensão da situação, também com maior empatia em relação ao ponto de vista oposto.

A mediação é um processo voluntário e flexível. Também costuma ser conduzido com informalidade. Os mediadores são mais facilitadores do que figuras de autoridade e isso pode ajudar todas as partes a se expressarem com liberdade. A mediação é mais bem-sucedida quando as partes envolvidas querem resolver o conflito; isso pode parecer óbvio, mas muitas pessoas estão investidas nos seus conflitos e não querem apenas uma resolução. É importante que todos as partes participem do processo e sejam, em última instância, capazes de expressar as razões de sua dificuldade e raiva.

Plano de cuidados pós-conflito

Sabemos que o cérebro retém a sensação de perturbação e alarme causada pelo conflito por mais tempo do que a duração do próprio conflito. Por isso, um surto numa reunião ou uma repreensão do nosso gerente pode se prolongar e trazer consequências. Podemos, no entanto, fazer algo para atrapalhar a forma como esse pensamento se infiltra. A dra. Mithu Storoni, autora de *Stress Proof* (2019), sugere que nos comportamos de forma contraintuitiva depois de vivermos um conflito angustiante.

Ela aconselha a fazer algo fora do comum e que seja estimulante a ponto de ocupar as nossas mentes, mas nada ligado ao conflito. Portanto, um quebra-cabeça desafiante, uma sessão de ioga, um jogo de Tetris — qualquer coisa que leve sua mente para outro lugar e permita que você foque em outra coisa. Isso permitirá, então, que sua mente se recupere do conflito angustiante e regresse a um estado equilibrado.[11] Em essência, desabar no sofá é a pior coisa a fazer, pois os sentimentos de alarme e perturbação permanecerão com você. Precisamos substituir esses pensamentos por outros estimulantes, a fim de nos distrair e criar um caminho para sair do estresse.

Meditação focada

Outra prática a considerar, seja em meio a conflitos ou não, é a meditação focada. Tirar algum tempo do dia de trabalho para assentar a mente numa meditação focada pode reestruturar seu pensamento e estado de ser. Há uma orientação no final deste capítulo para ajudá-lo a incorporar essa prática na vida diária. Storoni (2019) promove a prática como uma técnica de fácil aquisição, com impactos duradouros.[12]

Por fim, é compreensível que, quando experimenta um conflito ou um comportamento de *bullying* angustiante, você se sinta irritado, perturbado e estressado. No entanto, a pesquisa tem mostrado que há uma relação de maior resiliência emocional quando abraçamos o perdão. Empatia, compaixão e simpatia — essas respostas associadas ao perdão são o que acabará por construir a resiliência.[13] O perdão não significa que você tolera ou apoia o comportamento; ele permite que você assuma o controle, coloque o conflito para trás e avance com maior resiliência.

Qual é a minha resposta ao conflito?

Qual a descrição que mais ressoa com a forma como você responde ao conflito no trabalho?

Luta

- Eu grito e perco as estribeiras?
- Fico com muita raiva?
- Eu já fui acusado de responder de forma agressiva?
- Isso pode ser verdade?

Fuga

- Faço vista grossa?
- Será que ignoro os problemas na esperança de que desapareçam?

Congelamento

- Congelo e fico passivo?
- Eu fico inseguro sobre o que fazer, por isso não faço nada?

Enfrentamento

- Será que enfrento o conflito e o aceito como inevitável?
- Eu me mantenho calmo e racional?
- Será que me engajo e aprendo com a experiência?

Meditação focada[14]

Essa não é uma técnica de meditação clássica, mas uma intervenção rápida e fácil, que pode ser feita em qualquer lugar, e que envolve a concentração em algo específico, como uma forma de silenciar seu diálogo interno. Com a meditação focada, você ainda permanece no momento presente, mas mergulha em uma coisa — seja ela qual for. Pode ser um cartão-postal, uma imagem em uma caneca, uma árvore que você consegue ver através da janela, o vaso de planta em sua mesa, um som ou até mesmo um cheiro.

Por que isso é útil na construção da resiliência? Quando ficamos estressados e preocupados, entramos em um estado de espírito que impacta não apenas o evento isolado, mas as atividades posteriores do dia, e além. A meditação focada é uma forma de interromper esse fluxo de pensamento e reconfigurá-lo, para que possamos avançar com um novo pensamento. É simples e pode ser integrada com facilidade em um dia de trabalho. Comece com uma sessão de dois minutos (você pode fazer por períodos de tempo mais longos à medida que se torna mais confortável). Siga o passo a passo:

1. Encontre um local calmo, onde seus 120 segundos não sejam interrompidos.
2. Escolha o objeto para ser seu foco.
3. Fique confortável, respire enchendo sua barriga, relaxe os ombros.
4. Defina um temporizador de dois minutos no seu telefone.
5. Volte sua atenção para o objeto de foco (foto, caneca, árvore etc.).
6. Não se preocupe se você se distrair, apenas volte sua atenção, com suavidade, para o objeto; você pode se parabenizar por notar que estava distraído.
7. Fique quieto — é isso!

Dica: dê a si mesmo tempo para se acostumar com a prática; não costumamos empregar nossa atenção indivisível a algo inanimado. Tente algumas vezes e veja como a prática se desenvolve.

Separe a mensagem do mensageiro

Separar o indivíduo de suas palavras ou ações é uma forma construtiva de lidar com a situação em questão. Ao fazê-lo, podemos pensar em ideias, e até mesmo em comportamentos, sem identificá-los a uma pessoa; portanto, esse alguém pode, por exemplo, fazer algo impensado, mas, ainda assim, ser uma pessoa decente. Alguém poderia dizer a coisa errada, mas não ser um ser humano errado. Essa é a clareza de separar a mensagem do mensageiro. Podemos aplicar essa técnica para nos ajudar a gerir um conflito no trabalho:

1. Pense na pessoa com quem você está em conflito.
2. Pense na última coisa que lhe disseram ou fizeram que causou angústia. Podem ser palavras duras ou simplesmente um olhar.
3. Agora imagine essas mesmas palavras ou comportamento não verbal vindo de um amigo ou colega estimado.
4. Pode haver outra interpretação?
5. É possível que estejamos experimentando acontecimentos negativos porque estamos à espera do pior?
6. Somos incapazes de separar a mensagem do mensageiro?

Alfinete de Chartier

Este exercício foi concebido para ajudá-lo a compreender a razão do comportamento rude. O exercício não é para sugerir que sejamos permissivos, ou que devemos permitir ações inaceitáveis, mas nos encoraja a considerar os sentimentos da outra pessoa. A questão é que *compreender*, em vez de simplesmente ofender ou magoar, pode nos ajudar a evitar também um comportamento rude ou irado, o que pode ajudar a evitar a escalada de um conflito. Esse conceito vem do filósofo francês Emile-Auguste Chartier.

O alfinete de Chartier nos ajuda a compreender a motivação por trás de um comportamento difícil, desagradável ou mesmo aterrador. Chartier usou o caso de um alfinete espetando um bebê e causando-lhe angústia — não importava como se tentasse acalmar o bebê, com comida, abraços, canções, a angústia continuava. E não se tratava de um bebê exigente ou difícil. O alfinete estava ferindo a criança, e nada ajudaria até que o alfinete fosse retirado. Portanto, quando alguém se comporta mal, pensar no que pode estar o levando a agir dessa forma pode ajudar:

- Ele está passando por dificuldades na vida doméstica?
- Ele acabou de ter um diagnóstico de saúde preocupante?
- Será que ele tem preocupações financeiras?
- Ele visitou a família difícil e cruel há pouco tempo?
- Será que ele sabe como se comportar com charme ou compaixão?

Ao pensar no seu possível "alfinete", você pode controlar sua resposta. Em vez de reagir com raiva ou irritação, pode considerar de forma tranquila o que está por trás desse comportamento e seguir em frente.

Vá para a varanda

Quando estamos envolvidos em conflitos, é provável que nossas emoções estejam muito carregadas. Podemos nos sentir irritados, magoados e angustiados; podemos experimentar falta de controle. Fisher e Ury, em seu texto (1981) sobre como lidar com a diferença, examinaram a arte da negociação — como chegar a um acordo sem ceder. Ury pede para nos distanciarmos do conflito. Ele nos convida a tomar uma posição em uma varanda imaginária. Essa posição nos dá perspectiva e clareza. Também nos dá a oportunidade de acalmar as emoções e abrandar. Ao suspender nossas ações e pensamentos, vendo nossa situação de uma varanda metafórica, temos a oportunidade de pensar sobre o que é realmente importante para nós. Portanto, da próxima vez que estiver envolvido num conflito:

1. Tome uma posição metafórica na varanda.
2. Conte até dez para se acalmar.
3. Olhe para a situação de conflito em que você se encontra.
4. Examine o que é mais importante para você.
5. Como isso poderia parecer do ponto de vista da outra pessoa?
6. Não tenha pressa e não tente fazer um levantamento rápido da situação.[15]

Perdão

Quando vivemos uma situação de conflito desagradável ou sofremos com uma experiência de intimidação, a noção de perdão pode estar longe das nossas mentes. Podemos estar irritados ou frustrados, podemos sentir que não fomos bem tratados e que não somos compreendidos. Podemos desejar que o perpetrador reconheça o que fez de errado, ou que seja capaz de tornar público nosso sofrimento, ou mesmo que retribua. Todas essas são respostas compreensíveis — no entanto, são quase sempre ineficazes e inúteis. Afinal, a situação de conflito surgiu devido a uma falta de compreensão e empatia; por isso, uma resposta que satisfaça suas necessidades emocionais é bastante improvável.

Em vez disso, você pode tomar o controle. Num momento e num lugar sossegado, imagine que está diante da pessoa com quem tem estado em conflito. Fale alto se puder. Tente estes passos:

1. Essa situação tem sido difícil para mim de muitas maneiras... (liste aqui o que lhe tem causado dor e angústia).
2. Então escreva ou diga em voz alta: "Eu escolho perdoá-lo."
3. Sinto muito que esse conflito tenha surgido.
4. Vou avançar e não vou me agarrar a sentimentos negativos de ressentimento e raiva.
5. O perdão vai me tornar mais forte.

NOTAS FINAIS

1 *The Mediator's Handbook* (Beer and Stief, 1997) inspirou este modelo e inclui outras formas para acrescentar ao seu *kit* de ferramentas para tentar trabalhar de forma construtiva com as dificuldades no trabalho

2 Einarsen, S.; Hoel, H.; Cooper, C. *Bullying and Emotional Abuse in the Workplace: International perspectives in research and practice*. Florida: CRC Press, 2003.

3 Oade, A. *Free Yourself from Workplace Bullying: Become bully-proof and regain control of your life*. Oxford: Mint Hall Publishing, 2015.

4 White, S. *The Psychodynamics of Workplace Bullying*. Londres: Karnac, 2013.

5 Liefooghe, A. e Mackenzie Davey, K. The language and organization of bullying at work, *Administrative Theory & Praxis, 32*, 2010, **pp.** 71-95.

6 Spector, P. e Bruk-Lee, V. *Conflict, health, and well-being*, 2008. Disponível em: https://my.apa.org (arquivado em https://perma.cc/9GLK-4TD4)

7 De Dreu, C. The virtue and vice of workplace conflict: food for (pessimistic) thought, *Journal of Organizational Behavior*, **29** (1), jan. 2008, pp 5-18.

8 Tedeschi, R. e Calhoun, L. The post-traumatic growth inventory: measuring the positive legacy of traumatic, *Journal of Traumatic Stress*, **9** (3), 1996, pp. 455-471, doi:10.1007/BF02103658.

9 De Dreu, C. *et al* Conflict at work and individual well-being, *International Journal of Conflict Management*, **15** (1), jan. 2004, pp 6-26.

10 Van Heugten K. Resilience as an underexplored outcome of workplace bullying, *Qualitative Health Research,* **23** (3), mar. 2013, pp. 291-301. Disponível em: https://doi.org/10.1177/1049732312468251 (arquivado em https://perma.cc/GWT6-3LKD)

11 Storoni, M. *Stress Proof: The ultimate guide to living a stress-free life*. Londres: Hodder & Stoughton, 2019.

12 Storoni, M. *Stress Proof: The ultimate guide to living a stress-free life*. Londres: Hodder & Stoughton, 2019.

13 Everett, L.; Worthington Jr. e Scherer, M. Forgiveness is an emotion-focused coping strategy that can reduce health risks and promote health resilience: theory, review, and hypotheses, *Psychology & Health, 19* **(3)**, 2004, pp. 385-405, doi:10.1080/0887044042000196674

14 Este exercício foi baseado em um artigo disponível em www.verywellmind.com (arquivado em https://perma.cc/2RQN-UGRA) sobre meditação focada.

15 Fisher, R. e Ury, W. *Getting to Yes: Negotiating an agreement without giving in*. Londres: Random House, Business Books, 1981.

7
PROPÓSITO

Como seres humanos, queremos um sentido de orientação e propósito. Este capítulo examina a relação entre nosso propósito, a razão pela qual trabalhamos (que nem sempre é a mesma coisa) e a resiliência. Vamos examinar o porquê da resiliência e a importância do propósito para reforçá-la.

O QUE É PROPÓSITO NO TRABALHO?

O propósito expressa o senso de determinação de uma pessoa. Identifica o que consideramos importante e o que é digno do nosso tempo. É nossa tarefa principal, a coisa que temos de cumprir. Sem cumprir esse propósito, podemos nos sentir flutuando sem uma base sólida. O trabalho não nos dava esse sentido de identidade, satisfação e determinação; era simplesmente um meio para atingir um fim, ganhando o suficiente para viver da maneira como se estava acostumado a viver. Em seu estudo de

1905, o sociólogo Max Weber introduziu a noção de ética do trabalho protestante. Esse foi o ponto de virada, quando, de repente, o trabalho se tornou muito mais sobre quem éramos e como medíamos nosso valor.

Um senso de propósito é vital para a realização e a felicidade. Sabemos disso sobre nós mesmos como espécie desde o tempo dos antigos gregos, que sugerem que é inerente à natureza humana querer fazer o que vale a pena fazer. Mas o que isso significa em um contexto de trabalho? Pensadores atuais — como o professor Adam Grant, de Wharton, — mostram a ligação entre o propósito, a felicidade no trabalho e a produtividade.

O professor Grant também realizou estudos para mostrar que um trabalho significativo pode proteger contra o *burnout* (2013)[1], de modo que o senso de propósito é importante! Stephen Covey (1995) chega ao ponto de dizer que uma declaração de missão pessoal se torna o DNA de todas as outras decisões que tomamos.[2]

Quando seu trabalho se alinha com os seus valores pessoais, o seu senso de propósito pode ser uma motivação-chave, trazendo-lhe saúde e valor agregado ao trabalho, apoiando seu bem-estar e sua resiliência.

Conecte-se ao propósito, conecte-se com outras pessoas

O propósito nos motiva e impulsiona; nós nos conectamos com o próprio senso de propósito para uma vida significativa, e nos conectamos com os outros para apoiar a melhoria de sua experiência de vida. No trabalho, pode tratar-se de ser um líder compreensivo e carinhoso, ou de identificar o desenvolvimento que vai dar apoio ao seu *trainee*. Ou poderia ser compartilhar sua visão de trabalho com clareza e simplicidade, para ajudar os outros a se conectarem à sua razão de trabalhar da maneira que você trabalha. Conectados ao nosso propósito, podemos ser mais realizados no trabalho, apaixonados pela realização de objetivos e investidos no futuro do trabalho para nós e para aqueles que nos rodeiam.

Quando pensamos sobre propósito em um nível organizacional, podemos defini-lo como uma forma de capturar a essência da organização como um todo.[3] Isso significa: o que a organização está tentando fazer, por que ela existe, que diferença faz e para quem. Se tivermos sorte, há um alinhamento entre nosso propósito e o da organização em que trabalhamos. Às vezes, isso é claro: por exemplo, um cirurgião que trabalha em um hospital participa dos esforços para salvar vidas e melhorar a saúde dos pacientes. No entanto, como nos aliamos ao nosso trabalho em recursos humanos, se somos empregados por uma empresa de tabaco? Como conciliar nossos princípios com nosso trabalho para uma empresa de moda, quando descobrimos que fábricas não cuidam dos seus trabalhadores? Essas são questões desafiadoras.

Simon Sinek tem escrito extensivamente sobre o poder de encontrar o seu propósito. Em seu livro *Start with Why: How great leaders inspire everyone to take action* (2009), ele descreve o propósito como uma parte necessária de uma vida feliz e satisfatória de um líder, em qualquer nível. Fala sobre o quê, como e por que, e sublinha que as organizações muitas vezes se envolvem no quê, olhando para o que pode ser melhorado ou desenvolvido e como isso pode ser feito.[4] Ao fazê-lo, o que se perde de vista é o *porquê* — o que os atraiu e os motivou em primeiro lugar.

Propósito no trabalho, na prática

Aqui estão alguns exemplos de propósito no trabalho, da cultura popular e da sociedade. Oprah Winfrey, que obteve enorme sucesso em capturar as questões predominantes da sociedade contemporânea, publicou recentemente seu livro sobre propósito, *The Path Made Clear: Discovering your life's direction and purpose* (2019). [5] Nele, a autora nos exorta a articular nosso propósito, a especificar o que queremos alcançar:

- O que eu quero alcançar?
- Por que eu faço o que faço?
- O que pretendo fazer pelo restante da minha vida profissional?

O manifesto da Oprah aqui é encontrar seu propósito e uma visão clara do que você quer na vida, e celebrá-los ao longo do caminho. Alguns outros exemplos podem ser:

- Se estamos liderando ou trabalhando para as Nações Unidas, nosso propósito pode ser erradicar a pobreza extrema e a fome, reduzir a mortalidade infantil ou criar sustentabilidade ambiental.
- Como indivíduos, podemos ser guiados por metas menores, mas significativas, como trazer nossa paixão pelo autocuidado para o mercado (www.selfcarecompany.com); ou encorajar as pessoas a viverem bem, com uma alimentação mais vegetal (www.deliciouslyella.com).
- Nosso objetivo pode ser o de cocriar nosso filho de forma presente, mas sem deixar o trabalho por longos períodos.
- Se estamos tendo problemas com a saúde mental, dar umas caminhadas pode satisfazer nosso propósito.

POR QUE VOCÊ VAI TRABALHAR?

Como vimos, um sentido de propósito no trabalho é uma parte importante de ser um trabalhador feliz e resiliente. Então — por que você vai trabalhar? Essa é uma questão vital quando você está considerando a própria resiliência. Não estamos falando aqui do imperativo de ganhar a vida para financiar suas necessidades de comida e abrigo; estamos examinando por que você vai trabalhar num nível superior. O que quer que estejamos buscando, ao que quer que estejamos dedicando nosso tempo, precisamos fazer uma pergunta importante: por que estamos fazendo isso, com que propósito?

A forma como abordamos o trabalho que fazemos e o contexto em que operamos impacta nosso propósito e nossa ligação a esse trabalho. Se somos apaixonados pelo trabalho que fazemos, se nos preocupamos com ele em nível emocional e social, vamos buscar o sucesso no cargo, mesmo quando há dificuldades.

Aqui está um exemplo — veja o caso de um professor de escola confrontado com uma redução de recursos, comportamento difícil dos alunos, mudanças na legislação e exigências administrativas. Sua resiliência face a esses retrocessos será afetada pelo seu "porquê". Considere o "porquê" por trás destes três profissionais:

- **Professor A**
  Um empresário fracassado decide começar a ensinar na escola primária, uma vez que o negócio que estava gerindo perdeu tanto dinheiro que ele está endividado e precisa ganhar um salário. A escola é local, e o convite para treinar e trabalhar ali é fácil.
- **Professor B**
  Um professor, a terceira geração da sua família a ensinar numa escola primária, orgulha-se da sua história vocacional e do seu compromisso com a educação das crianças. Há satisfação na história da sua família e orgulho no seu papel de educador.
- **Professor C**
  O terceiro professor é levado a criar a próxima geração de cidadãos atenciosos e compassivos. Ele acredita firmemente que a aprendizagem e os padrões estabelecidos antes do ensino médio são o ingrediente mais significativo em uma sociedade transformada.

Qual professor é o mais resiliente às dificuldades e desafios do trabalho? Cada um desses casos terá impacto na forma como esses professores trabalham e na forma como lidam com os contratempos.

Quanto mais fortes os fundamentos do "porquê", mais centrado e forte esse indivíduo pode ser. Embora a vida real muitas vezes não seja tão simples, esse exemplo deixa claro que o terceiro professor terá mais recursos de resiliência, porque seu propósito individual está mais alinhado com o propósito da escola, e seu trabalho contribui diretamente para a promoção de seus valores pessoais. Ele tem uma forte consciência dessas conexões, e tudo isso ajudará a alimentar sua resiliência.

Essa análise pode ser estendida a qualquer profissão, desde a prestação de serviços, como a contabilidade e a lei, até funcionários públicos, como políticos ou empregados do governo; desde acadêmicos até trabalhadores de cafeteria, desde artistas até pequenos fabricantes. Compreender seu propósito pode ter um profundo impacto na sua resiliência, satisfação e sucesso profissional. Com propósito e direção claros, é muito mais fácil se recuperar de contratempos e continuar, porque você sabe para onde está indo e tem ímpeto para prosseguir nesse caminho.

PROPÓSITO E DESENVOLVIMENTO DA RESILIÊNCIA

Nosso senso de propósito pode ajudar a desenvolver resiliência no ambiente mais desafiador e obscuro. O relato de Victor Frankl sobre o Holocausto, *Man's Search for Meaning* (1959)[6], detalhou como ele sobreviveu aos campos de extermínio, mantendo um senso de propósito nas mais terríveis circunstâncias. Sua mensagem para o mundo pós-Holocausto foi que, quando há sofrimento, nem sempre podemos pará-lo — mas podemos controlar como reagimos a esse sofrimento. Para Frankl, o poder de propósito estava ligado de forma indissociável à resiliência.

Essa filosofia é apoiada pelo terapeuta líder em comportamento cognitivo, professor Windy Dryden (2010)[7]. Ele enfatiza o conceito de responsabilidade pessoal em relação à saúde mental; que somos responsáveis pelas influências que exercemos, pelas coisas que nos pertencem, pelos nossos pensamentos e sentimentos. Tempos de dificuldade, adversidade e desafio são oportunidades para desenvolver a resiliência. Alguns falam do crescimento pós-traumático ou do estresse. Mas, se uma pessoa quiser crescer como resultado de dificuldades, precisa ter um senso de propósito. Uma maneira de pensar sobre isso seria dizer que as pessoas precisam entender a razão do sofrimento, para que este possa se tornar suportável.

Temos a forte tendência para nos agarrar a más experiências e deixar passar as boas experiências e, assim, não deixamos que essas boas experiências se agarrem a nós. Se você tem um dia de trabalho em que tudo vai muito bem, mas uma coisa é estressante ou difícil, essa será a coisa à qual você se apegará. Esse viés de negatividade fazia muito sentido para nossa sobrevivência na savana, quando tínhamos que estar atentos ao perigo, já que esse cuidado significava vida ou morte. Faz menos sentido no mundo do trabalho, onde enfrentaremos desafios invitáveis no dia a dia; e, como já examinamos em profundidade, o fracasso é uma parte vital de uma vida profissional que vale a pena.

Anéis de resiliência

Quando temos clareza sobre o porquê de fazermos o que estamos fazendo, mesmo que seja de uma dificuldade excepcional, temos uma maior resiliência. Valores defendidos com convicção e uma profunda crença de que a vida é significativa estão no centro do nosso propósito: isso nos dará coragem e determinação na adversidade. A resiliência pode ser desencadeada se tivermos um propósito claro — correr uma maratona em apoio a um amigo que está passando necessidade; trabalhar sete dias por semana para criar a *startup* em que você acredita; ou fazer campanha por uma causa que está no coração das suas crenças, por exemplo. Sabendo por que estamos fazendo o que estamos fazendo vai nos fortalecer, vai nos ajudar a continuar nos momentos de estresse e a nos recuperarmos do desapontamento e dos contratempos. Como podemos ver pela figura abaixo, o nosso propósito está no centro, e a nossa expressão de propósito — o nosso trabalho — segue. A resiliência continua depois disso.

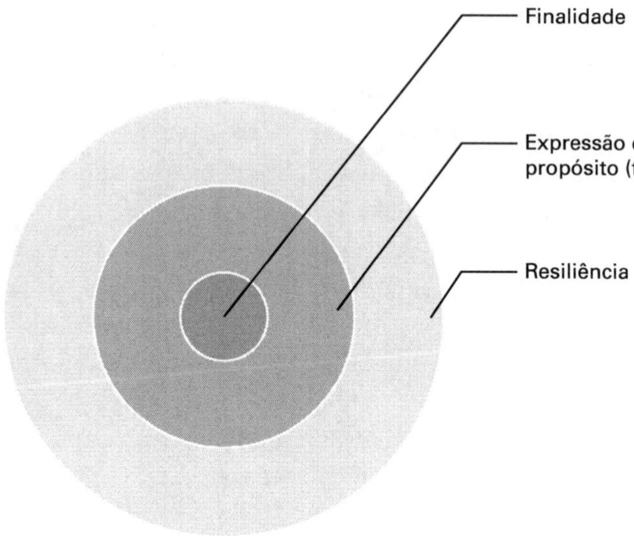

Figura 7.1 ***Anéis de resiliência***

PROPÓSITO FORTE E CONSISTENTE

Aqueles de nós que têm a sorte de seguir um propósito forte e consistente, que toca tudo o que encontram, são capazes de usar isso de várias maneiras. Um propósito identificado com clareza pode ser usado para comunicar nossas necessidades, identificar nossas prioridades e oferecer clareza aos outros sobre o motivo de estarmos nos comportando de determinada maneira. Isso, por sua vez, permite criar um núcleo de resiliência, uma haste de aço que nos centraliza. Somos capazes de continuar, porque nos preocupamos de forma apaixonada com o que estamos fazendo e queremos que os outros nos entendam.

Poucos são os que articularam seu propósito com tanta eloquência como Martin Luther King Jr., quando transmitiu sua visão para o movimento americano de direitos civis para pessoas negras, no icônico discurso “Eu tenho um sonho”. Seu sonho veio à tona e fez sentido, bem como sua campanha, seu discurso e todo o seu trabalho incansável em prol da igualdade e dos direitos de cada indivíduo negro.

Nem sempre temos a oportunidade de expressar nosso propósito de forma clara, porque, às vezes, é algo que não discernimos nem para nós mesmos — mas podemos resolver essa questão. No final deste capítulo, você encontrará alguns exercícios que o ajudarão a pensar sobre seu propósito, o que você considera ser sua razão para trabalhar e a diferença que deseja fazer.

IDENTIDADE, PROPÓSITO E RESILIÊNCIA

A forma como nos definimos está ligada ao sentido de propósito. Uma recepcionista pode ver seu papel como vital na construção do relacionamento com o cliente, por ser responsável pela primeira impressão da organização, ou pode depreciar sua função, dizendo que se trata apenas de atender o telefone. Um estagiário pode se ver como o futuro da organização ou como o subordinado residente de baixa patente, que faz todo o trabalho sujo. Foram realizadas pesquisas que associam a perda de resiliência à perda de acesso à identidade — e que esse acesso é a chave para o sentimento de autoestima de um indivíduo.[8] Por exemplo, no seu trabalho com professores, Kirk & Wall (2010) descobriram que mudanças radicais na profissão docente levaram a questões de trabalho e identidade social confusas e a uma subsequente perda de resiliência.

A pesquisa descobriu que não foi o evento difícil em si que fez com que os participantes se sentissem inquietos e desestabilizados, mas sua visão de si mesmos em relação a esse acontecimento. Por exemplo, se eles sempre se viram como pessoas que lidaram com cenários desastrosos e desmoronaram diante de desafios ainda maiores do que os de costume, essa poderia ter sido uma situação de extrema dificuldade para qualquer um. Pemberton (2015) escreve sobre uma identidade atribuída há pouco tempo, talvez:

- vítima;
- indesejado;
- desprotegido;
- vulnerável;
- ignorado.

No entanto, eles normalmente identificam-se com:

- vencedor;
- amado;
- bem-tratado;
- dinâmico.[9]

Dessa forma, nosso senso pessoal de propósito não está atrelado apenas a uma tarefa, objetivo ou meta, mas sim ao tipo de pessoa que ambicionamos ser. Esperamos que, enquanto lê este livro, você tenha tido a oportunidade de pensar sobre sua relação com a própria resiliência e de considerar a forma como a adversidade se apresenta em sua vida. Talvez até tenha sido capaz de criar uma nova identidade face aos tempos difíceis do futuro: essa é uma oportunidade para se recuperar e se redefinir como uma pessoa resiliente.

DOS BABY BOOMERS À GERAÇÃO Z

As prioridades para as diferentes gerações vão mudar. Os *baby-boomers*, nascidos depois da Segunda Guerra Mundial e no início dos anos 1960, esperavam uma carreira certa e bastante tradicional; a Geração X, nascida entre 1965 e 1976, também poderia ter esperado alguma certeza e longevidade em um tipo de carreira. Por outro lado, a Geração Y (*millennials*), nascida entre 1977 e 1995, e a Geração Z, nascida a partir de 1996, têm motivações diferentes. Essas últimas gerações estão (de modo geral) habituadas à imprevisibilidade do trabalho e, em certa medida, são mais abertas para perseguir sonhos. Estão livres das expectativas tradicionais, mas sobrecarregadas por uma ausência de segurança financeira. Para essas gerações, portanto, percebe-se que o propósito no trabalho tem uma importância particular.

PROPÓSITO E SUCESSO

Propósito e sucesso estão intimamente ligados. O que vemos como sucesso acontece de diferentes formas para diferentes pessoas; somos influenciados pelo país em que vivemos, pelas normas culturais que seguimos, pelo nosso estilo, pela nossa idade e pelo nosso gênero, entre outros fatores. Abraçar o que o sucesso significa para cada um, com a mesma compreensão que oferecemos a outras questões de inclusão e diversidade, pode ser bastante útil no desenvolvimento de uma abordagem resiliente do sucesso.

Embora não haja um único caminho de carreira, padrão de trabalho, realização ou experiência que represente sucesso, existem algumas linhas em comum. Por exemplo, as pessoas tendem a ser mais felizes quando estão absorvidas em atividades que consideram interessantes, envolventes e significativas. Onde o trabalho não é significativo nem envolvente, podemos nos desconectar com facilidade. O psicoterapeuta e professor Windy Dryden (2010) enfatiza que a busca significativa pode não somente torná-lo mais feliz, como também melhorar sua saúde mental.

Contudo, ele também adverte sobre o perigo de ficarmos *tão* absorvidos a ponto de não conseguirmos equilibrar outros interesses. Ele resume bem o equilíbrio com esta frase: "Seja devoto, sem ser beato".[10] Você pode ser levado a dirigir uma empresa multinacional, ou a escrever um romance, ou a mudar o mundo através de boas ações.

Pode desejar liderar milhares de pessoas ou pode sonhar com uma profissão solitária à qual possa se dedicar, sem perturbações na sua pesquisa ou no seu projeto. Seja qual for o foco, é mais saudável, primeiro, reconhecer que essa é a *sua* versão de sucesso, que não precisa ser a mesma das pessoas ao seu redor. Em segundo lugar, é bom lembrar de manter o foco em todos os aspectos da vida — não apenas no trabalho. Esse equilíbrio é a chave para uma abordagem resiliente do sucesso.

Propósito em todo o mundo[11]

Além de nos ajudar na resiliência, há evidências de que viver e trabalhar com propósito também traz benefícios para nossa saúde e longevidade. O trabalho de Helen Russell examina a relação entre o propósito e a felicidade. Depois de se mudar para a Dinamarca, ela refletiu sobre a vida dos dinamarqueses no livro *The Year of Living Danishly* (2016) e descobriu que, em vez de lutar por mais dinheiro no trabalho, como as pessoas no Reino Unido e nos EUA, os dinamarqueses fizeram campanha por mais tempo — tempo para o lazer, para o equilíbrio entre trabalho e vida familiar.

Houve também o notável recorde dos dinamarqueses como o país mais feliz do mundo, um recorde que se mantém há décadas, assim como o conceito de *hygge* ou "tempo aconchegante". Parece que os dinamarqueses classificam casa, amigos e família como vitais para seu propósito, além do trabalho.

Por isso, têm a semana de trabalho mais curta da Europa. Russell passou a examinar comunidades ao redor do mundo com maior expectativa de vida e maior grau de felicidade. Essas "zonas azuis" são identificadas e exploradas no livro *The Atlas of Happiness* (2018). Ela identifica as crenças culturais que contribuem para a felicidade por meio de um propósito. Por exemplo, os chineses que procuram seu "*xing fu*", o que lhes dá um propósito real; ou os islandeses cuja crença inabalável de que tudo estará bem no final é expressa em sua noção de "*petta reddast*".

UMA VIDA QUE VALE A PENA VIVER: FLUXO

Esse fio condutor comum ao sucesso, seja qual for o aspecto da sua versão, tem outro nome: fluxo. O psicólogo Mihaly Csikszentmihalyi identificou o estado de ser, quando em total comprometimento e funcionando de forma ideal, como um estado de "fluxo" (1992).[12] Ele começou olhando para pessoas criativas, que passaram a vida fazendo algo significativo para si mesmas, embora com poucas chances de obterem fama ou fortuna.

O que encontrou foi o seguinte: quando você está imerso em um processo que o envolve, não há mais atenção para necessidades corporais ou problemas domésticos. A noção do professor ausente pode vir à mente, o pensador brilhante tão concentrado nos problemas, que se esquece de se vestir ou pentear o cabelo. Essa experiência de fluxo ofereceu a Csikszentmihalyi uma resposta à questão do segredo da felicidade.

Em seu livro *Good Business* (2003), Csikszentmihalyi explora o fluxo de liderança e a criação de sentido. Identifica os líderes empresariais nomeados pelos seus pares por serem não só bem-sucedidos, mas também éticos e cientes de sua responsabilidade social. Define o sucesso como algo que ajuda os outros e, ao mesmo tempo, faz você se sentir feliz quando está trabalhando com esse objetivo.[13] Assim, o trabalho que envolve um desafio cativante e que tem significado cria fluxo. E, no fluxo, somos resilientes, ficamos absorvidos e temos uma sensação de recompensa significativa. Quando foi a última vez que você esteve em estado de fluxo? O que estava fazendo? Isso pode lhe dar uma pista do seu senso de propósito, da sua ideia de sucesso e de como desenvolver a própria resiliência.

PSICOLOGIA POSITIVA: PERMA

Martin Seligman é um psicólogo que fundou uma teoria chamada "psicologia positiva". Ele tem escrito uma obra vasta sobre o potencial para um futuro humano positivo e a possibilidade de uma vida profissional florescente. Seu trabalho com o Exército dos EUA foi uma grande contribuição para essa filosofia: nas Tanner Lectures 2010 sobre Valores Humanos, descreve como foi chamado para o Pentágono, onde foi convidado a abordar as preocupações do Chefe do Estado-Maior sobre transtorno de estresse pós-traumático (TEPT), suicídio, depressão, abuso de substâncias e divórcio. Seligman ofereceu um quadro mais equilibrado da resposta do exército aos desafios muito reais da guerra. Ele sugeriu que as reações à adversidade humana, em vez de serem sempre negativas, têm a forma de sino (ver figura). [14]

Ele observou que, enquanto uma minoria de doentes desmoronava, a maioria, apesar de ter passado por um período difícil e precisar de um período de talvez alguns meses para se restabelecer, voltou para onde estava, de acordo com medidas psicológicas e físicas.

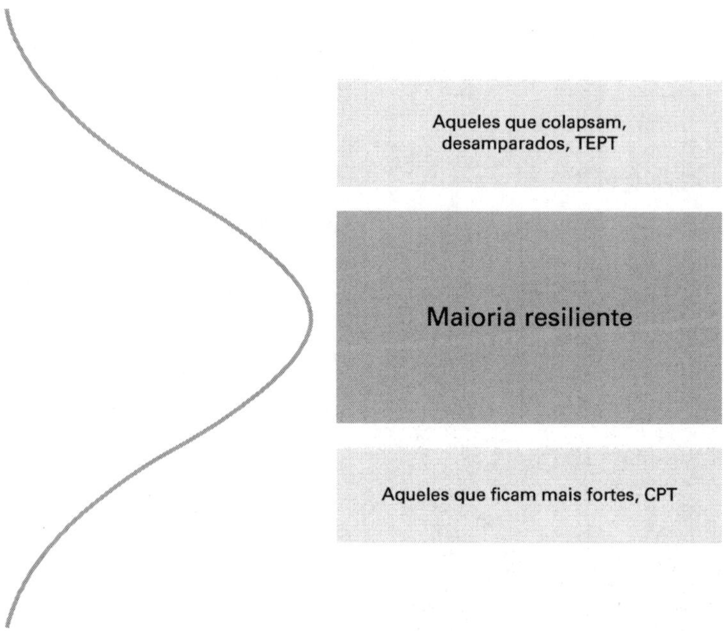

Figura 7.2 ***A maioria resiliente***

Além disso, ele notou que uma minoria adicional "saltou para a frente" — eles voltaram mais fortes do que antes (crescimento pós-traumático, que vimos no último capítulo). Seu trabalho resultou na realização de treinamentos de resiliência pelo Exército dos EUA, que cobriram as aptidões psicológica, social, familiar e espiritual.

O trabalho de Seligman sobre psicologia positiva vincula significado e vida significativa. Ele usa o acrônimo PERMA:

- **Emoção positiva (P)**
  Ver as experiências através de uma lente positiva nos relacionamentos e no trabalho, concentrando-se nas experiências positivas, e não nas negativas;
- **Engajamento (E)**
  Engajamento numa tarefa, capacidade de estar totalmente envolvido ("fluxo");
- **Relacionamentos (R)**
  Construir relações fortes para nos ajudar a prosperar;
- **Significado (M, do inglês *meaning*)**
  Buscar o significado em vez de riqueza ou prazer;
- **Realização (A, do inglês *accomplishment*)**
  Objetivos e ambições que nos dão um sentido de realização e conquista.

Quantos desses se cumprem para você no trabalho?

ENCONTRE SEU PROPÓSITO

Encontrar seu propósito não é tão fácil como parece. Na verdade, as pessoas podem passar uma vida inteira em busca de sentido. Então, como você tenta encontrar propósito? Derek Draper, no livro *Create Space* (2018)[15], cita o exemplo do agente prisional cujo trabalho parecia um pesadelo — era mal pago, trabalhava num ambiente desafiador e enfrentava constantes ameaças de violência e abuso. Ele queria um trabalho criativo, um trabalho em que encontrasse realização, respeito e admiração. Portanto, atribuiu tais qualidades à sua função e relacionou-as ao seu senso particular de propósito: inspirar pessoas presas a saírem do mundo do crime.

IKIGAI

O *Ikigai* é um conceito japonês que significa "uma razão de ser". A palavra é usada para oferecer uma indicação da fonte de valor vital, ou seja, as coisas que fazem a vida valer a pena. *Ikigai* sugere que nos façamos as quatro seguintes perguntas:

- O que você ama?
- Em que você é bom?
- Do que o mundo precisa?
- Pelo que você pode ser pago?

Responder a essas perguntas-chave e depois combiná-las com nosso trabalho pode ajudar a levar uma vida plena. É certo que sua vida não se resume ao trabalho; mas, se entendermos nosso propósito mais amplo, podemos então usá-lo como uma bússola para as decisões que tomamos ao longo da carreira.

Há um ditado popular que diz: "Escolha um emprego que goste e nunca terá de trabalhar um dia na vida." Não está claro quem pode ter expressado essa ideia primeiro — mas é um ponto de vista que faz sentido. Se estamos trabalhando em uma tarefa pela qual nos sentimos apaixonados, se ela se alinha com nossos valores e nossas aspirações, então o trabalho se parece muito menos com servidão, e muito mais com satisfação e até alegria. Ser guiado pelos princípios do *Ikigai* pode nos ajudar a obter um claro senso de foco e estabilidade quando estamos enfrentando encruzilhadas em nossas carreiras, ou temos dúvidas sobre qual direção tomar. Conseguir um maior senso de propósito pode levar a um maior bem-estar mental e físico.

EVITE SE CULPAR

A culpa é uma atividade destrutiva e deve ser redirecionada para o autocuidado, visando a cuidarmos melhor de nós mesmos. Estar bem descansado e restaurado pode ajudá-lo a lidar com as exigências do trabalho e de casa. O autocuidado é essencial para um equilíbrio saudável entre vida pessoal e profissional. Por exemplo, você precisa de tempo para se desligar; não podemos trabalhar o tempo todo.

São possíveis intervenções, que criam tanto a aptidão física como a psicológica.[16] No final deste capítulo há um exercício intitulado "Três coisas boas": essa é uma prática que nos incentiva a examinar o que deu certo para nós e a redirecionar o pensamento para o que é bom. A gratidão como prática tem tido um impacto sobremaneira positivo no bem-estar. Tais intervenções podem construir nossa capacidade de resiliência a longo prazo.

Com mais autocuidado e menos culpa, podemos diminuir o volume do nosso crítico interior. Podemos não conseguir calá-lo por completo, mas podemos tornar o ruído menos perturbador. Também é possível adotar uma posição de "autocelebração" para as coisas que correram muito bem para nós. Somos rápidos em nos culpar de vários delitos e quedas, mas costumamos relutar em assumir o crédito pelos acertos. Ser resiliente significa não só nos perdoarmos pelo que não saiu perfeito, mas ter força para reconhecer os momentos em que fizemos algo excepcional.

O cotidiano no trabalho é duro e exigente. Pode ser um desafio desligar-se das questões profissionais, e pode ser fácil sentir-se culpado quando não se está trabalhando. Quando as exigências se tornam irreais e irracionais, podemos ser rápidos em nos culpar e não reconhecer que é inalcançável trabalhar sob tais pressões. Essa autoestigmatização pode nos fazer sentir desesperançados e pode ter um impacto negativo no bem-estar e nos objetivos de longo prazo.[17]

PROPÓSITO E CORAGEM

Comprometer-se com o propósito na profissão requer coragem. Isso pode significar que seu caminho não é o que sua família, amigos e colegas esperam de você. Pode significar fazer escolhas que surpreendem as pessoas mais próximas. No entanto, só *você* pode decidir o que importa de verdade para si mesmo. Temos uma vida de trabalho finita, e encontrar e trilhar o caminho escolhido é uma oportunidade que não devemos negligenciar.

Algumas pessoas podem pensar que é tarde demais para mudar aos vinte anos, enquanto outros estão buscando novas aventuras aos oitenta. Nosso propósito pode mudar ao longo de nossas vidas profissionais, e nunca é tarde demais para explorar essa mudança. Responder à pergunta "o que eu quero fazer com minha vida profissional?" e tentar alinhar objetivos pessoais com objetivos profissionais não é algo fácil, mas fazer isso lhe dará a oportunidade de experienciar uma vida profissional de sentido e propósito.

Defina seu propósito

Experimente algumas destas abordagens criativas para definir seu propósito:

Comunicado de imprensa do propósito

Para ajudá-lo a se conectar com o propósito do trabalho que você executa, e o da sua organização, escreva em um *release* o resumo daquilo que você oferece ao mundo. Como está contribuindo para o bem maior, que coisas o fazem levantar e sair para trabalhar, quais as coisas que tornam significativas as dificuldades no trabalho?

Tweet

Use 144 caracteres para compartilhar a mesma mensagem.

Indução

Imagine que você é seu gerente e que está contratando a si mesmo. Diga a este novo membro (você!) que se juntou à sua equipe o que significa a sua contribuição. Quais são os três primeiros pontos que você desejaria compartilhar?

1.
2.
3.

Em seis palavras — qual é seu propósito no trabalho?

Podemos realizar inúmeras tarefas que são úteis e fazem parte do nosso padrão de vida profissional. Mas por que estamos fazendo todas essas coisas? Qual é nosso propósito no trabalho? Isso pode ser funcional — precisamos ganhar dinheiro para pagar o aluguel, por exemplo — ou pode ser que estejamos conectados a um propósito maior, que faça a diferença neste mundo. Este exercício o força a canalizar o pensamento sobre o próprio propósito em apenas seis palavras. Aqui estão alguns exemplos:

Meu propósito é: contribuir, estimular e desafiar.
Meu propósito é: usar a criatividade para mudar.
Meu propósito é: aumentar a consciência ambiental.
Como você descreve seu propósito em seis palavras?
Meu propósito é:

____

Três coisas boas[1]

Ligando o bem-estar ao propósito, este exercício o encoraja a pensar primeiro no que é bom para você e depois no que você define como significativo. O que você tem feito que se liga ao bem maior e ao serviço de uma vida significativa?

Veja se você pode se comprometer a repetir este exercício uma vez por dia, durante uma semana. Antes de dormir, escreva três coisas boas que deram certo no seu dia:

1.
2.
3.

Pense no porquê dessas coisas terem corrido bem.

Encontre seu fluxo

O fluxo é identificado como uma forma de trabalho que reflete seu pico de desempenho. Você está envolvido em tarefas que são significativas para si mesmo, e que lhe oferecem uma recompensa significativa. Pense numa época em que você estava no trabalho e sentia que estava sendo o seu "melhor eu". Escreva um relato da sua experiência de pico, respondendo a algumas ou a todas as seguintes perguntas:

1. O que o atraiu para o trabalho?
2. Por que foi um desafio?
3. Por que foi significativo para você?
4. Quem mais estava envolvido?
5. Como você lidou com as dificuldades que encontrou?
6. Como você se manteve motivado?
7. Como você comemorou seu sucesso?

Pensar nessas questões o ajudará a identificar as próprias condições de pico de fluxo. Lembre-se de que elas podem ser diferentes para cada pessoa. Isso pode ajudá-lo a identificar por que você está em dificuldade nos momentos de estresse, quando não está em fluxo.

Investigue o *Ikigai*

Ikigai é um conceito japonês que significa "uma razão de ser". Qual é a essência do que faz sua vida valer a pena? Faça a si mesmo as seguintes perguntas-chave:

1. O que eu amo?
2. Em que sou bom?
3. Do que o mundo precisa?
4. Pelo que posso ser pago?

Tente responder a essas perguntas em um diagrama Venn. Há alguma sobreposição?

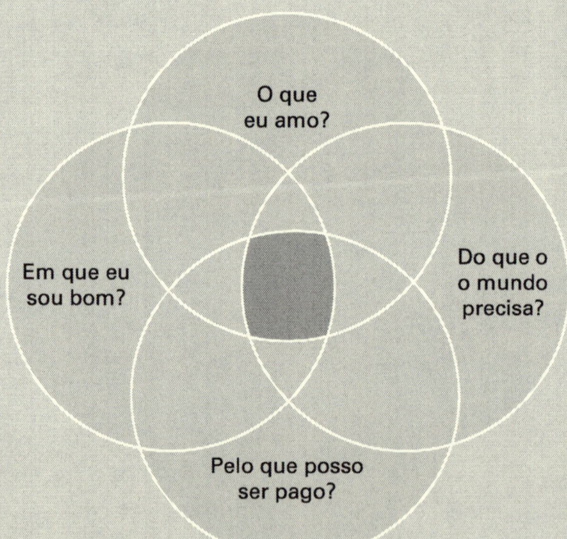

Figura 7.3 ***Diagrama de Venn do Ikigai***

NOTAS FINAIS

1 Grant, A. *Give and Take: A revolutionary approach to success*. Londres: Weidenfeld & Nicolson, 2013.

2 Covey, S.; Merrill A.; Merrill R. *First Things First*. Nova York: Simon e Schuster, 1995.

3 Obholzer, A. e Roberts, V. *The Unconscious at Work: A Tavistock approach to making sense of organizational life*. Londres: Karnac, 2019.

4 Sinek, S. *Start with Why: How great leaders inspire everyone to take action*. Londres: Penguin, 2009.

5 Winfrey, O. *The Path Made Clear: Discovering your life's direction and purpose*. Londres: Bluebird, 2019.

6 Frankl, V. *Man's Search for Meaning*. Londres: Rider Books, 1959.

7 Dryden, W. *10 Steps to Positive Living*. Delhi: Orient Paperbacks, 2010.

8 Kirk, J. e Wall, C. Resilience and loss in work identities: a narrative analysis of some reformed teachers' work-life histories, *British Educational Research Journal*, **36** (10), 2010, pp. 627-641.

9 Pemberton, C. *Resilience: A practice guide for* coaches. Oxford: Oxford University Press, 2015.

10 Dryden, W. *10 Steps to Positive Living*. Delhi: Orient Paperbacks, 2010.

11 Russell, H. *The Year of Living Danishly*. Londres: Icon, 2016; *The Atlas of Happiness: The global secrets of how to be happy*. Londres: Hodder & Stoughton, 2018.

12 Csikszentmihalyi, M. *The Psychology of Happiness*. Londres: Rider, 1992.

13 Csikszentmihalyi, M. *Good Business: Leadership flow and the making of meaning*. Londres: Viking Penguin, 2003.

14 Seligman, M. *Flourish: Positive psychology and positive interventions*, The Tanner Lectures on Human Values, 2010, proferido na Universidade de Michigan, disponível em: https://tannerlectures.utah.edu/documents/a-to-z/s/Seligman_10.pdf (arquivado em https://perma.cc/M99A-8NYC)

15 Draper, D. *Create Space: How to manage time, and find focus, productivity and success*. Londres: Profile Books, 2018.

16 Seligman, M. *Flourish: Positive psychology and positive interventions*, The Tanner Lectures on Human Values, 2010, proferido na Universidade de Michigan, disponível em: https://tannerlectures.utah.edu/documents/a-to-z/s/Seligman_10.pdf (arquivado em https://perma.cc/M99A-8NYC)

17 Corrigan, P.; Larson, J. e Ruesch, N. (2009) Self-stigma and the "why try" effect: impact on life goals and evidence-based practices, *World Psychiatry*, **8** (2), 2009, pp. 75-81.

18 Este exercício é adaptado do trabalho de Martin Seligman sobre *Psicologia Positiva*. No seu trabalho, ele descobriu que, quando as pessoas fazem um exercício como este durante seis meses, relatam sentir-se menos deprimidas e têm emoções positivas mais elevadas do que um grupo placebo. A gratidão é uma prática que tem tido um impacto extremamente positivo no nosso bem-estar (2010 Tanner Lectures).

8
PENSAMENTOS FINAIS

Começamos este livro com um exame da mudança drástica nas circunstâncias do trabalho. Nossas expectativas em relação aos locais de trabalho, colegas, estrutura, tecnologia, comunicação, tarefas, disponibilidade e habilidade sofreram transformações. E, como resultado, nossa resiliência foi testada. Também exploramos como, em cada área da vida profissional e no "eu" que levamos para o trabalho, temos a oportunidade de trabalhar com essa experiência, de assumir alguns riscos, de experimentar o fracasso e, por fim, de aprender.

É difícil comparar nosso estilo de trabalho com o das sombrias condições das classes trabalhadoras do norte industrial da Inglaterra, antes da Segunda Guerra Mundial. Essas condições foram capturadas de forma vívida pelo escritor George Orwell, em seu livro de 1937, *The Road to Wigan Pier*.[1] Ele descreve a "viagem de volta" dos mineiros que tiveram que rastejar através de túneis para chegar à área de extração do carvão, onde cumpriam jornada de trabalho de sete horas e meia, antes de rastejarem de volta para o elevador e para a luz do dia. O tempo passado rastejando no escuro não era pago, e chegar ao trabalho era como escalar uma pequena montanha no início e no fim de cada dia extenuante. Nossos desafios de trabalho são abrangentes; mas é raro que exijam tanto do corpo físico quanto na situação descrita por Orwell. Os desafios que enfrentamos são, em grande parte, psicológicos.

Neste último capítulo, deixo algumas reflexões e sugestões que se relacionam com cada um dos tópicos que abordamos. Nele, eu o encorajo a adotar uma atitude de curiosidade, bondade e gratidão para consigo mesmo e suas circunstâncias. Há tantas ocasiões em que nos repreendemos pelos fracassos e por não darmos nosso melhor! Mas adotar tal mentalidade pode criar um espaço interno punitivo, que castiga o fracasso e deixa pouco espaço para a gentileza e a autocompaixão.

LEMBRE-SE DE SEU POTENCIAL DE RESILIÊNCIA

É preciso tempo e prática para desenvolver uma nova habilidade. Com a resiliência não é diferente. Quando você encontrar algo que seja ameaçador ou perturbador, permita-se uma pausa. Há um grande poder na pausa. Isso nos dá tempo para adotar uma nova resposta e mudar nossa perspectiva. Nossas primeiras reações nem sempre são as mais úteis. Podemos reagir com dor, decepção, raiva, frustração e surpresa. É importante dedicar tempo para refletir sobre a decepção que vivemos, para contextualizá-la, para imaginar o que mais poderia estar acontecendo. As decisões são matizadas; poucas são as que atingem a completude de acerto ou erro; há nuances de luz e escuridão. Não há problema em reconhecer suas decepções, mas você também deve tentar reconhecer suas realizações.

Pense em uma situação difícil ou um desafio que enfrentou — talvez você tenha sido ignorado para uma promoção, por exemplo —, e veja como pode ajustar seu pensamento:

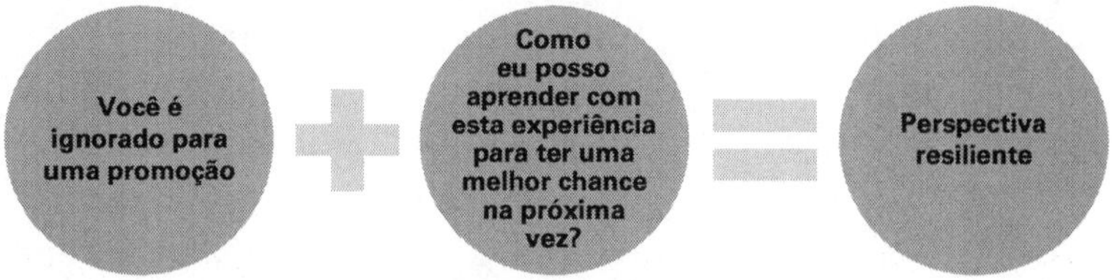

Figura 8.1 ***Quadro mental resiliente***

Figura 8.2 ***Quadro mental não-resiliente***

Mudar a sua perspectiva de um estado de espírito não resiliente para um estado de espírito resiliente nem sempre é fácil, como já vimos. Precisamos de uma nova mentalidade, além da força de vontade necessária para aplicá-la à rotina. Aqui estão mais alguns exemplos de outras situações que você pode enfrentar no trabalho:

- Reprovação em um exame profissional
  - A perspectiva de uma pessoa resiliente pode ser: "Minha aprendizagem não está perdida. O que preciso fazer para ter mais chances de passar da próxima vez? Isso está ao meu alcance, e a decepção por não ter passado de primeira desaparecerá quando eu tiver alcançado minha qualificação."
  - A mentalidade não resiliente pode responder: "Não consigo passar por isso de novo, tentei muito e falhei, não vou fazer isso outra vez, não sou capaz de passar. Fui um tolo em me candidatar, nunca serei qualificado, pois não sou capaz."
- Você não é pré-selecionado para um trabalho que imaginou ser perfeito para você

- A mentalidade de uma pessoa resiliente responde: "Estou desapontado, mas sei o quanto queria o emprego. Onde mais posso procurar uma oportunidade semelhante? O que posso fazer para me desenvolver de modo a ter mais chances da próxima vez que me candidatar? O que aprendi com essa desilusão?"
- A mentalidade não resiliente diz: "Eu estava errado. Se tivesse sido justo, eles teriam me nomeado. Talvez não seja acertado procurar um trabalho como esse."

• Sua apresentação é criticada pelo seu gestor em público
  - A mentalidade de uma pessoa resistente pode ser: "Este *feedback* é útil; posso usar essa perspectiva para me ajudar a criar uma apresentação ainda melhor da próxima vez. Acrescentei ao meu conhecimento."
  - Uma mentalidade não resiliente pode ser brutal: "Sou um idiota, errei alguns fatos, foi tudo terrível, não voltarei a me apresentar."

O último exemplo dá pistas sobre o comportamento autodestrutivo que podemos replicar, quando não perdoamos os contratempos e limitações. Recordar-se repetidas vezes de ser gentil consigo mesmo não é indulgente; é sensato, é humano.

RESILIÊNCIA APRENDIDA

No Capítulo 1, examinamos o conceito de fracasso e também o impacto da psicologia positiva na forma como o enxergamos. Ainda nesse contexto, é útil observar o termo "desamparo aprendido", cunhado pelo psicólogo positivo Martin Seligman, após uma série de experimentos com animais, em 1972.[2] Apesar da ética de tais experimentos, os reflexos condicionados resultantes nos ensinam algo valioso em relação à resiliência.

Nessas experiências, os cães sofriam seguidos estímulos dolorosos dos quais não conseguiam escapar ou que não podiam evitar. Quando colocados numa nova situação, uma em que esses estímulos dolorosos *pudessem* ser evitados, os cães não o fizeram.

Em outras palavras: por *não terem sido capazes* de evitar algo no passado, não exploraram opções para evitar esse aborrecimento em novas circunstâncias. Não escaparam porque estavam condicionados a acreditar que não podiam, apesar de ser fácil, apesar de exigir apenas um pequeno salto. Seligman aplicou este padrão de pensamento àqueles que ensinam a si mesmos que são indefesos, porque o foram em um papel anterior e imaginam que continuarão indefesos em novas circunstâncias.

O que ensinamos a nós mesmos que não podemos fazer no trabalho? Decidimos que, por termos tido dificuldades em delegar tarefas quando fomos promovidos pela primeira vez, não somos bons nisso agora? Ou que, por termos nos tornado muito emocionais quando tivemos de transmitir más notícias, não nos devem ser confiadas questões de sensibilidade? Se desse um passo atrás e refletisse sobre o seu "desamparo aprendido" no trabalho, o que isso significaria para você?

Além do desamparo aprendido, Seligman também escreveu sobre o otimismo aprendido (1990).[3] Ele definiu a chegada ao otimismo como sendo uma viagem, em que a ênfase é colocada, em primeiro lugar, na compreensão do seu estado atual de espírito e na sua resposta aos eventos, a despeito de ser uma experiência positiva ou negativa, e na exploração de alternativas.

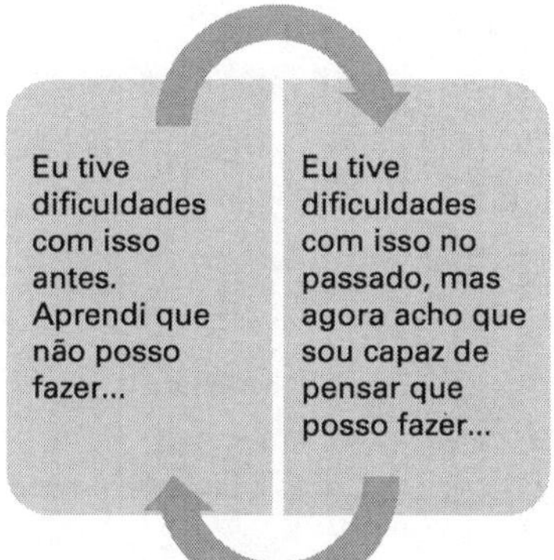

Figura 8.3 ***Desamparo aprendido e resiliência aprendida***

Podemos aplicar um pensamento semelhante à resiliência. Podemos pensar em nós mesmos como indivíduos frágeis com pouca resiliência interna, mas o reenquadramento das nossas experiências pode nos permitir desenvolver uma mentalidade mais resiliente. O exercício das Afirmações SAR, no final do capítulo, vai apoiá-lo na ressignificação do seu senso de si mesmo.

RESILIÊNCIA SITUACIONAL

O contexto em que operamos pode ter um impacto significativo na nossa resiliência. Se nos sentirmos seguros e apoiados, pode ser mais fácil correr riscos, desafiar uma ordem ou pensar de forma criativa. A noção de contenção, que examinamos com alguma profundidade no Capítulo 5, enfatizou o potencial de trabalhar dentro dos limites desse espaço inspirador, mas seguro.

É fácil delegar essa responsabilidade àqueles que nos administram e lideram; você pode pensar em exemplos de grande liderança em que as pessoas têm o poder de ser as melhores versões de si mesmas. Criar esse espaço psicológico interno e mudar nosso local de controle pessoal para que possamos enfrentar os eventos da vida sem cair em padrões de comportamento perturbadores são a principal ferramenta de resiliência. Isso cria uma autonomia de resiliência. Não temos que depender de nossos líderes, colegas ou clientes para desenvolver as circunstâncias certas em que podemos florescer; podemos nos encarregar disso com autocuidado e atendendo às próprias necessidades.

A resiliência é difícil de compreender; se você a possui, ou não, depende da fase de vida em que se encontra, de como a vida está se desenrolando e dos principais desafios e eventos que deve enfrentar. Podemos ser esmagados ou podemos nos erguer.

APRENDA COM OS OUTROS

Quando recebemos *feedback*, pode ser difícil ouvir o que está sendo apontado. Se somos sensíveis ou nos sentimos vulneráveis, em vez de ouvirmos: "Sua apresentação foi um pouco monótona", ouvimos: "VOCÊ é um pouco monótono." Quando nos dizem que nosso relatório requer mais trabalho, em vez de ouvir "Acho que você precisa olhar estas questões mais a fundo", podemos ouvir "EU não sou esperto, EU sou superficial". Esses são pensamentos falhos.

Eleanor Roosevelt disse que ninguém pode fazer com que se sinta inferior sem a sua permissão. Leve esse pensamento para a vida profissional. Pense em um momento em que você se sentiu menosprezado ou perturbado no trabalho. A forma como age está nas suas mãos. Mesmo se você se sentir humilhado ou tolo, pode agir com bondade. Pode aceitar que, do ponto de vista da outra pessoa, as coisas não correram bem. Você pode aceitar os comentários dos outros. Pode lidar com a comunicação sem apego.

No passado, havia uma construção favorecida na formação em gestão que encorajava o uso de um "sanduíche de *feedback*": qualquer questão de desenvolvimento que você quisesse identificar deveria ser colocada entre duas observações positivas ou elogios. Tornou-se conhecida, de forma coloquial, como sanduíche de "m***a" e não funcionou como esperado. O receptor tendia a ignorar quaisquer observações positivas e a concentrar-se apenas no "recheio" das críticas. Uma abordagem mais sincera do que essa poderia ser a de tornar claro que você tem algum *feedback*, e verificar se a pessoa está disposta a recebê-lo; assim, você será claro e específico, além de abordar a questão de forma construtiva. Não tente camuflar o *feedback*.

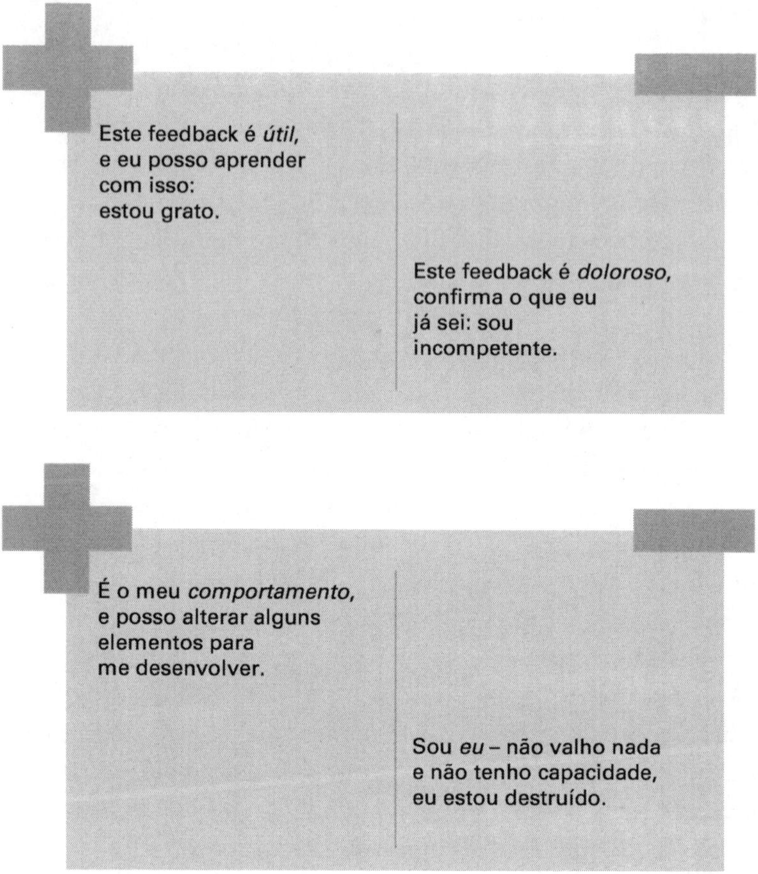

Figura 8.4 ***Pensamento defeituoso***

Sheryl Sandberg (2017)[4] defende outra camada para o processo de *feedback*, o que nos incentiva a nos interrogar sobre como respondemos ao *feedback*. Ela cita os professores de direito Stone e Heen, que propõem uma autoavaliação de como você responde ao *feedback*. Há um exercício que se baseia nisso no fim do capítulo. Exercitar nossa capacidade de ouvir e responder ao *feedback*, sem se sentir esmagado por ele, é uma excelente habilidade, que pode ser transferida de qualquer trabalho para outro, como líder, seguidor ou como colega. Essa camada adicional ao processo de *feedback* também permite que você se distancie da experiência para testemunhar a si mesmo e refletir "Como eu lidei com essa observação na reunião?", "Qual foi minha reação a essa sugestão?".

O PRESENTE DO *FEEDBACK*

Nem todo *feedback* é entregue quando e como estamos prontos para recebê-lo; isso pode ter muito a ver com o mensageiro e muito a ver com o receptor. Brené Brown, o guru da coragem, oferece uma *checklist* (2018)[5] para medir nosso empenho e nossa disponibilidade para receber *feedback*: estamos em estado de prontidão para recebê-lo? Isso envolve autorreflexão e honestidade sobre a aceitação mútua, disponibilidade para ouvir e reconhecimento de que a resolução de qualquer problema ou desafio levará ao crescimento e à oportunidade.

Quando alguém tira um tempo para observá-lo de perto, para ver como você se comporta e para entender as maneiras pelas quais você é visto, e depois compartilha essas informações com você, isso é um presente. Demonstra interesse e foco no seu crescimento.

Nem todo o *feedback* é sobre melhoria e desenvolvimento, é claro: algum *feedback* também se concentra no reconhecimento. Nosso propósito é aprimorado quando somos reconhecidos por nossa contribuição. Um Prêmio Nobel é um reconhecimento internacional e de prestígio — mas um agradecimento de um cliente satisfeito também pode ter um significado incrível. Há um valor maravilhoso em sentir que seu trabalho tem um propósito, e que você também traz algo significativo para os outros. Existe, além disso, uma forte correlação entre a resiliência e a manutenção da autopercepção. Por isso, diga aos que o rodeiam que você gostaria de ouvir elogios. As pessoas assumem que profissionais competentes e bem-sucedidos sabem que são assim. Chame a responsabilidade para si mesmo — está nas suas mãos.

AUTOCONFIANÇA PARA O AUTOCUIDADO

Exploramos as muitas razões potenciais e profundas da tendência para nos culparmos quando as coisas correm mal no Capítulo 3. A culpa é uma atividade destrutiva e deve ser redirecionada para o autocuidado — para pensar em como podemos cuidar melhor de nós mesmos. Estar bem descansado e restaurado pode ajudá-lo a lidar com as exigências do trabalho e do lar. A gratidão é uma prática que impacta o bem-estar com positividade.

A autenticidade é importante de se notar aqui. As investigações sobre os militares sugerem que a falsa bravata, a tentativa de negar o estresse e o trauma podem encorajar as pessoas a "falsificarem o bem" até que, sem saída, desabem. Essa ideia de "fingir coragem" pode ser ensinada sob a bandeira da resiliência...mas tem pouco a ver com uma *autêntica* resiliência. Por meio do desenvolvimento da autoconsciência e do autoconhecimento, podemos compreender melhor quando estamos num estado vulnerável, e quando precisamos pedir apoio para lidar com as dificuldades.

Quando se sentir muito pressionado no trabalho, encontre a coragem de falar com o seu gerente e explique que está sobrecarregado. E, se você é o gerente, talvez seja legal ter essa conversa antes das coisas chegarem a essa fase, deixando claro que seus funcionários podem se expressar, caso seja necessário fazer mudanças para estruturar melhor a carga de trabalho.

Às vezes, estamos enfrentando problemas que não podem ser resolvidos no trabalho. Quando enfrentamos esses desafios externos, precisamos buscar apoio, orientação e conforto de especialistas capazes de nos guiar até a ajuda que precisamos.

PERDOE-SE PELOS FRACASSOS

O fracasso tornou-se o tema *do dia*. Sempre foi uma condição — o medo do fracasso tem até um nome: "atiquifobia", o medo irracional e persistente de falhar. Mas, nos últimos tempos, tem havido uma mudança na forma como o fracasso é visto. A excelente série de podcasts de Elizabeth Day, *How to Fail*, mostrou que uma vida com plenitude é repleta de fracassos. Ela entrevistou uma série de celebridades que compartilharam as próprias experiências de fracasso. O podcast se tornou um livro com o mesmo nome, que capturou a essência de uma existência mais honesta e multidimensional — um livro que, por vezes, aparece nas redes sociais e nos soundbites. A autora defende que o fracasso faz parte de uma vida ampla, em cores.[6] Um tema semelhante é tratado com honestidade e coragem em *The Art of Not Falling Apart*, em que Christine Patterson (2018)[7] aborda os altos e baixos da vida, inclusive quando sua identidade é esmagada pela demissão. Em suas reflexões sobre o fracasso na autobiografia *Becoming* (2018)[8], Michelle Obama nos exorta a não ter medo de falhar, reconhecendo que essa é uma parte essencial do crescimento e do desenvolvimento.

O fracasso pode não ser nossa primeira escolha de resultado; pode ser que estejamos lidando com a *Opção B*, conforme descrito no recente livro de Sheryl Sandberg e do professor Adam Grant (2017).[9] Mas, como criaturas resilientes, sabemos agora que podemos nos recuperar dos fracassos e podemos fazer coisas melhores.

APRENDA COM SEUS ERROS

Surge uma nova terminologia sobre os pais que são tão superprotetores e que planejam com tanta antecedência para evitar que os descendentes enfrentem qualquer dificuldade, suavizando o caminho para que eles possam deslizar pela vida diária sem preocupações. Isso significa a possibilidade de uma criança com medo de animais não comparecer a uma festa se a família tiver um animal de estimação, ou a família é instruída a retirar o animal de estimação da casa. Ou pode implicar que um dos pais forneça uma lista detalhada das preferências alimentares dos filhos. Isso é coloquialmente chamado de "retirar os cascalhos" — trata-se de "empurrar" qualquer coisa que se interponha no caminho. E, embora bem-intencionado, isso rouba da criança a chance de descobrir quem ela é, uma descoberta que somente pode resultar de aprender a confiar em si mesma, de cometer erros e aprender com eles.

No trabalho, esse tipo de abrigo bem-intencionado pode significar que nossos primeiros encontros com a adversidade sejam brutais. E, se estamos liderando de tal forma que impedimos nossa equipe de aprender, estamos também prestando um desserviço àqueles que trabalham para nós. Excesso de instruções e comportamentos detalhados vão roubar das pessoas que trabalham com você a chance de desenvolver as próprias forças e habilidades.

Outra acusação feita aos pais da chamada "geração superprotegida" é a de que agem como "guarda-costas". Isso significa gerir a vida das crianças com tamanha proximidade, que não existe potencial para a independência e para a criação de um senso de autoconfiança, que se deve às decisões e experiências das crianças. Aqui, encontramos a primeira prima da resiliência: a coragem. Charles Murray, o autor de *The Bell Curve* (1994)[10], descreve isso de forma bastante dura: sem coragem, os estudantes terão a resiliência de taças de champanhe quebradas. Essa descrição vívida de um corpo facilmente estilhaçado, útil apenas em um ambiente controlado e com uma necessidade de ser tratado com muito cuidado, parece oferecer uma existência sufocada e grandes limitações ao potencial de trabalho.

Aristóteles nomeou a tenacidade como uma virtude-chave, e a perseverança é fundamental para superarmos os fracassos. Embora a exploração do sucesso feita por Gladwell em *Outliers* (2008)[11] tenha identificado a sorte, ele também nomeou a perseverança e a prática como ferramentas vitais — na sua conhecida definição, são necessárias 10 mil horas de perseverança para alcançar a excelência. A pesquisa de Angela Duckworth e o livro subsequente (2017)[12] sobre a importância da coragem para o sucesso, acima do talento, reforçam a mensagem deste livro: você tem que estar disposto a falhar, e depois recomeçar, para saber que o fracasso não é uma condição permanente.

ENCONTRE SUA TRIBO

Uma lição de vida fundamental é a aceitação de que não seremos apreciados por todos. No trabalho, haverá dinâmicas, agendas, insegurança e ambição. Saber que não haverá aprovação universal para suas ideias ou planos requer resiliência. Temos de aceitar que, na complexa teia de trabalho, haverá diversidade de opiniões e diversidade de afeto — mas a parte crucial é saber que isso não significa que não sejamos empáticos; isso não significa que tenhamos falhado. Encontrar a rede de apoio à qual você pode recorrer para obter orientação e espaço para explorar ideias ajudará a equilibrar o seu senso de cooperação.

Libertar-se da noção de agradar a todos ou de ser apreciado por todos pode abrir espaço para que você se concentre em coisas que lhe são importantes. Isso não significa que você deva ser desagradável ou sair do seu caminho para adotar decisões impopulares, mas apenas aceitar que, às vezes, tomará decisões que não terão apreciação universal. Isso terá o benefício adicional de fazer com que você se preocupe menos. Também trará mais tempo para que você se concentre no trabalho e nos projetos que mais lhe interessam.

O ABC DA RESILIÊNCIA

A pesquisa sobre resiliência é, em certa medida, nova, e grande parte do trabalho inicial colocou ênfase no impacto negativo dos eventos da vida, como traumas ou dificuldades. Garmezy (1990, 1993)[13] foi um dos primeiros a reconhecer que existe uma perspectiva alternativa. Ele investigou o que permite que algumas pessoas lidem com eventos negativos e se recuperem de eventos desafiadores, e o que faz com que outras desmoronem. Quais fatores protetivos podem estar em jogo? Um exame de como funciona a resiliência oferece alguns temas emergentes.[14] Aqueles que são resilientes:

Aceitem a própria realidade;
Acreditam que a vida tem sentido;
Têm capacidade de mudança e improviso.

Ao longo deste livro, olhamos para a necessidade de aceitar a nós mesmos, nossos fracassos e nossa realidade de trabalho. No Capítulo

7, abordamos a relação entre resiliência e propósito, e os desafios particulares da mudança, da perda e da perturbação, no Capítulo 4.

Em um artigo da *Harvard Business Review*, intitulado *How Resilience Works* (2002)[15], a capacidade de mudar e improvisar é chamada de "ingenuidade ritualizada" ou "bricolagem". Claude Lévi-Strauss, antropólogo francês, trouxe-nos essa noção como um método de inventividade e um meio de fazer algo a partir de um conjunto de coisas não relacionadas. Em francês, *bricolage* significa "bricolagem" ou "consertos domésticos". Essa pode ser uma ideia útil quando consideramos a resiliência — podemos não *escolher* assumir um papel diferente, ou trabalhar sem nossos recursos habituais, ou quando estamos doentes e frágeis, mas, ao fazê-lo, poderemos descobrir uma nova forma de trabalhar, uma nova solução para um problema existente.

Um caso de ingenuidade, perda e renovação

Maya Shankar era uma talentosa musicista infantil, com uma trajetória de sucesso notável como violinista. Ela praticava durante horas, antecipou uma carreira musical e dedicou tudo com grande empenho para esse fim. Ela foi orientada por Itzhak Perlman e se tornou aluna da prestigiada academia de música Juilliard.

Todavia, uma lesão inesperada encerrou essa possibilidade; o sonho acabou e isso representou a perda esmagadora de uma carreira e propósito imaginados. Maya teve de repensar sua vida e seu propósito. Tornou-se cientista social, conselheira da Casa Branca, presidente de uma equipe social e comportamental, bem como a primeira conselheira de ciência comportamental da ONU. Ela agora é Chefe de *Insights* Comportamentais no Google.[16]

AS DIFERENÇAS E O QUEBRA-CABEÇA DA RESILIÊNCIA

É importante enfatizar algo que testemunhamos constantemente: que há uma diferença na maneira como as pessoas respondem aos desafios e às adversidades, e na maneira como agem com resiliência. Examinamos a natureza única da experiência humana, no Capítulo 3, bem como as dinâmicas abaixo da superfície, que influenciam a relação que mantemos com nós mesmos e com os outros. Sabemos agora que o que causa uma crise existencial em uma pessoa pode nem ser notado por outra.

Há também uma questão temporal em jogo — podemos ter notável resistência aos vinte anos, ser frágeis aos trinta, mais uma vez fortes aos quarenta, mas voltarmos a ser frágeis aos cinquenta. Essas mudanças não precisam ocorrer ao longo de décadas; podem acontecer dia a dia, semana a semana, mês a mês. Nossa relação com a resiliência não é estática.

E também pode haver diferenças de gênero. O trabalho do Failure Institute[17] mostrou que, quando criam negócios que falham, os homens tendem a passar logo para outro empreendimento, talvez em um setor com ligeiras diferenças. Quando as mulheres falham, esse retorno pode levar um tempo, já que podem ficar impactadas pela noção de Síndrome do Impostor. A resiliência das mulheres também é influenciada por hormônios, menopausa e gravidez, e os homens enfrentam enormes pressões para se tornarem bem-sucedidos, e têm que trabalhar mais para serem aceitos em nível emocional, embora esses paradigmas estejam mudando aos poucos. No entanto, é impressionante que existem diferentes suposições sobre *o mesmo* fracasso.

De igual modo, a idade pode ter impacto na resiliência. Devemos estar atentos aos estereótipos, mas também conscientes de que a idade pode ser um fator de resiliência. Como jovens membros da força de trabalho, podemos trazer entusiasmo, facilidade com a comunicação digital e a tecnologia, uma mente aberta às possibilidades. Essas qualidades podem nos permitir abraçar os desafios com novas perspectivas, energia e otimismo. Aqueles que trabalham há muitos anos trazem consigo a experiência, mas, em grande parte, também carregam uma forma aprendida de lidar com problemas que pode não ser adequada para o desafio atual. Talvez a forma como sempre lidaram com as questões já não seja a apropriada, ou a mais adequada para resolver um problema no ambiente de trabalho. Naturalmente, há também as lições aprendidas, que acompanham a maturidade, a experiência que nos ensina que "isso também deve passar", e talvez um crescente reconhecimento do próprio potencial.

Não há igualdade de condições no trabalho, do mesmo modo que há diferença e desigualdade na vida. O estatuto social e econômico, a raça, a saúde, a capacidade e a deficiência criam complexidades, e a relação de todos os fatores de diferença já identificados com a resiliência permanece um quebra-cabeça; não sabemos a resposta para o porquê de uns serem mais resilientes que outros.[18]

O privilégio cria uma ausência de resiliência? A dinâmica do poder força aqueles sem poder a tornarem-se mais resilientes? Todas essas são perguntas que não podem ser respondidas com certeza.

RECUPERE-SE E SALTE PARA A FRENTE

Alguns discutiriam sobre a própria capacidade de recuperação. Eles veriam isso como um passo regressivo, acreditando que parte da jornada para a resiliência envolve um reconhecimento de que nunca somos iguais depois de uma experiência difícil ou desafiadora — podemos *parecer* ser os mesmos, mas nosso conhecimento, nosso "eu" e nossa experiência são mudados, muitas vezes para melhor.

Greitens (2015)[19], ao examinar o que as dificuldades, o sofrimento e a dor podem nos oferecer, contraria a noção de resiliência como um retorno ao que se era antes, num sentido elástico. O exame de resiliência de um antigo integrante da Marinha, numa série de cartas a um colega (um veterano que luta contra o TEPT), mostra como podemos construir um propósito e enfrentar a dor — emergindo de forma diferente da experiência: mais sábios, compreensivos e compassivos.

Podemos comparar isso com a arte japonesa de Kintsugi, ou a arte das cicatrizes preciosas. Kintsugi é uma forma de abraçar o imperfeito, valorizando as marcas de desgaste em um vaso. Esse método tradicional usa um metal precioso, muitas vezes ouro ou prata, para juntar peças de cerâmica partidas. Ao reparar o que está partido, cria-se algo ainda mais belo. Da olaria danificada emerge algo elevado e valorizado. As fissuras e reparações são eventos na vida de um objeto, e a reparação é realçada.

O mesmo acontece com as cicatrizes, visíveis ou escondidas — elas representam as vicissitudes da vida, todos os golpes e pontos de ruptura. Este livro lhe deu ferramentas para ajudá-lo a florescer no trabalho. Agora você está ciente de que a resiliência pode ser ensinada. Há fantasmas do passado que sussurram para a criança dentro do adulto.[20] Mas você pode curar suas feridas e avançar. Pode se recuperar — e saltar para frente.

À medida que avançamos, por meio de mudanças-chave na vida e na carreira, há uma noção de "um novo normal", quando ocupamos novos cargos e novas funções. Essas não são apenas funções físicas, como uma promoção, um novo local de trabalho ou uma mudança de carreira; podemos, também, ocupar o novo normal de uma posição de compreensão psicológica diferente, voltando para um novo lugar, com maior autoconhecimento, compreensão e força. Estou ansiosa para ouvir as histórias de como você se recuperou de fracassos e desafios, e de como sua resiliência cresceu.

O QUE APRENDEMOS

Durante este livro, discutimos o cuidado com o cérebro e o corpo. Está emergindo um interesse na interconectividade da mente e do corpo. Há um reconhecimento de que precisamos cuidar de nós mesmos de maneira holística. Aqueles que sabem disso — os neurocientistas — abraçam a ioga e a corrida. O sucesso do *podcast* do dr. Rangan Chatterjee *Feel Better, Live More*, e dos seus livros (2017, 2018)[21], que apelam para uma abordagem em quatro vertentes para relaxar, comer, mover-se e dormir, são exemplos dessa mudança — nosso comportamento pode mudar o nosso estado de espírito.

Há muito para descobrir abaixo da superfície. Desenvolver nossa autoconsciência nos ajudará a reconhecer quais são nossos gatilhos, e nos dará espaço para examinarmos nossos comportamentos inúteis, para sermos gentis com nós mesmos. Considere isso como uma autoavaliação, uma devida diligência da sua parte. Essa é uma tarefa para toda a vida. Também consideramos a inevitável mudança, a perturbação e a perda que vamos encontrar durante a vida profissional, e para o que, no sentido estoico, devemos nos preparar, abraçando as experiências que nos são oferecidas.

Quer sejamos líderes ou seguidores, haverá um apelo especial à nossa resiliência, uma vez que as expectativas de ambos os lados são expressas, e aprendamos a desenvolver nosso estilo e forma de trabalhar. Haverá conflitos e desacordos, relacionamentos que são difíceis e pessoas que nos desafiarão.

O que você valoriza quando todo o resto está ausente? Decidir o que é importante para você e o que você quer alcançar trará significado, prazer, satisfação e progresso ao seu tempo de trabalho. E, no entanto, em todas essas áreas de trabalho você vai falhar e cometer erros, perdoar a si mesmo e aprender com isso.

Você vai falhar repetidas vezes.

Você vai se recuperar.

Agora é hora de se concentrar no que você pode fazer para construir sua resiliência.

É tudo o que tenho a dizer por agora — boa sorte.

Correções rápidas para quando sua resiliência diminui

Para você mesmo:

- Saia um pouco.
- Faça uma rápida caminhada e respire um pouco de ar fresco.
- Crie uma lista de preocupações.
- Encontre alguém que o apoie para conversar.
- Encontre um lugar privado e respire fundo.

Para aqueles que o rodeiam:

Se notar que alguém está agitado ou aflito, ajude-o a ultrapassar sua luta, retirando-o da situação que o está estressando, por exemplo, perguntando se ele quer sair do escritório ou lhe oferecendo uma xícara de chá e uma oportunidade para discutir as preocupações imediatas.

Afirmações SAR

As afirmações são uma forma fácil e adaptável de incentivar o movimento e a redefinição. Podem ser usadas para criar uma nova forma de olhar para si mesmo, mas, também, para reforçar aqueles elementos do seu eu psicológico que já são úteis, e que você quer manter. Veja como o Sistema de Ativação Reticular (SAR) — um nome para uma das muitas funções do cérebro — faz com que palavras repetidas com periodicidade façam parte da nossa identidade. Isso significa que se se criarmos o hábito de nos chamarmos de estúpidos, nós nos identificaremos como estúpidos; se nos chamarmos continuamente de brilhantes, nos identificaremos como brilhantes. O SAR fica na base do nosso cérebro e funciona como um filtro para todos os milhões de *bits* de informação e dados que nos rodeiam. Para efeitos deste exercício, também podemos pensar no SAR como o Sistema de Ativação de Resiliência.

Nossa mente não sabe a diferença entre passado e futuro; para o cérebro, o que importa é o aqui e o agora. É importante repetir sua afirmação no tempo presente. Se você pratica as afirmações de modo contínuo, estas começarão a fazer parte da sua identidade.

Neste exercício você encontrará uma lista de afirmações sugeridas que podem apoiar o seu caminho para a resiliência; mas pode haver outras afirmações mais apropriadas, que você mesmo pode definir. Encontre o que funciona para você.

Comece dizendo as afirmações em voz alta enquanto olha para o espelho. Se é muito difícil e desconfortável olhar para si mesmo quando repete essas afirmações, basta dizê-las em voz alta. Se você tiver um armário de banheiro, você pode afixar a lista lá dentro para lembrá-lo dessa prática, que deve ser tão rotineira quanto escovar os dentes. Pode parecer um pouco estranho no início — mas você vai se acostumar, se continuar assim. Todos os dias, repita suas afirmações escolhidas, e aos poucos elas se tornarão parte da sua identidade.

Afirmações SAR

Aquilo em que você mais se concentrar será aquilo com que você se identifica, então concentre-se nisso: *Sou resiliente. Eu posso me recuperar.*

1. Está tudo bem, consigo fazer isso.
2. Isso é suficiente. Pode não ser perfeito, mas é bom o bastante.
3. Estou pronto para ouvir, aprender e melhorar minha compreensão.

4. Se eu falhar, não é o fim; o que aprendi?
5. Se falhar, posso tentar novamente.
6. Tenho recursos escondidos.
7. Comitê negativo que se reúne na minha cabeça — sente-se e cale a boca!
8. Posso aceitar minhas novas circunstâncias, mesmo que não seja o que imaginei.
9. Não preciso ficar na minha zona de conforto.
10. Se eu enfrentar um obstáculo, posso me recuperar.

Adicione mais frases a essa lista, à medida que você enfrenta novos desafios.

Identifique estratégias de sobrevivência

Todos nós possuímos formas pré-existentes para lidar com o estresse e a dificuldade. Algumas dessas atividades vão apoiar o desenvolvimento de uma maior resiliência, enquanto outras podem ser destrutivas. Seja gentil consigo mesmo e comece a examinar suas estratégias de sobrevivência. O que mais você poderia fazer para consolidar uma maneira construtiva de fortalecer sua resiliência e se recuperar?

Aqui estão algumas estratégias de sobrevivência comuns. Quais você usa como padrão? Quais você gostaria de incluir no seu *kit* pessoal de ferramentas de resiliência?

- **Aceitação**
  Você reconhece que esse é um período difícil, que está tendo dificuldade, que algo precisa mudar.
- **Enfrentamento ativo**
  Você procura ajuda para suportar o estresse, envolve-se em meditação, técnicas de relaxamento, intervenção terapêutica, fazendo algo construtivo para apoiar a si mesmo.

- **Desengajamento comportamental**

  Você se afasta de situações que lhe causam angústia, reduzindo o contato visual, não se envolvendo com os outros, demonstrando inquietação, estresse ou tédio por meio da linguagem corporal.
- **Humor**

  Quando você está rindo, é difícil se sentir como uma vítima. Reconfigurar situações trágicas ou desafiadoras com humor pode ajudar a mudar de uma estratégia para a outra.
- **Planejamento**

  O planejamento para a adversidade pode ajudá-lo a se sentir mais preparado, quando os problemas surgirem; saber quais passos você é capaz de dar para se recuperar pode fortalecer a resiliência.
- **Enquadramento positivo**

  Você reconsidera os fatos de forma positiva, como uma maneira de transformar o pensamento (veja também os exercícios no final do capítulo sobre conflito).
- **Religião**

  Aqueles que têm fé podem encontrar maior capacidade de lidar com a adversidade quando há uma sensação de bem maior, um poder supremo dirigindo eventos que são vistos como difíceis.
- **Autodistração**

  Encontrar formas de fazer outras coisas, que o distraiam do conflito, da perturbação, do estresse ou de emoções complicadas é uma ferramenta útil na construção da autoeficácia.
- **Abuso de substâncias**

  A toxicodependência põe em risco a capacidade de resistência. Essa é uma estratégia de sobrevivência bastante desajustada.
- **Suporte instrumental**

  Você aceita ajuda tangível de outras pessoas, por exemplo, ajuda com transporte, cuidados infantis, trabalhos domésticos etc.

- **Desabafo**
Ataques de raiva, socos em almofadas, confronto com os perpetradores, desabafo — alguns veem isso como uma ajuda, enquanto outros acreditam que apenas alimenta a chama.
- **Negação**
Evitar os fatos e negar a realidade da experiência trágica costumam ser atitudes contraproducentes.
- **Autorresponsabilização**
Este é um comportamento destrutivo, um processo cognitivo pelo qual um indivíduo atribui eventos difíceis e ocasiões estressantes a um padrão de autoculpa.

Como receber feedback

Há muitas instruções sobre como dar *feedback*, mas menos ênfase na forma como devemos receber *feedback*. Essa pode ser uma habilidade vital, ainda mais quando estamos trabalhando no desenvolvimento das nossas reservas de resiliência.

1. **Estou pronto para receber este *feedback*?**
Dar permissão à pessoa que entrega a mensagem é uma etapa psíquica e física importante no processo de crítica. Isso permite que você se abra para a mensagem e se prepare para ouvir.
2. **Eu entendo o comportamento que está sendo identificado?**
O comportamento descrito neste *feedback* é o mesmo que reconheço em mim? Posso me lembrar do evento citado?/ É algo que está em minha memória?
3. **Posso separar essa questão específica do meu senso de identidade?**
Ouça o *feedback*. Ele pode ser compreendido num sentido neutro? Se a comunicação é subjetiva, devo perceber que é sobre

algo específico. Posso ouvi-la sem me sentir atacado como pessoa, como um todo? Se eu levar dessa maneira, preciso reconhecer que estou sendo autodestrutivo.

4. **Preciso fazer alguma pergunta para esclarecimento?**
   Há mais alguma coisa que eu queira saber? Pedir exemplos ou pedir que a mensagem seja entregue de forma mais clara é OK. O *feedback* só é construtivo se eu tiver entendido qual é a questão.
5. **O que posso fazer em relação a este feedback, de forma construtiva?** Como posso agir com base nessa informação? Que medidas posso tomar para aprender com isso, e como a pessoa que me deu o *feedback* pode me apoiar? Há mais alguém que possa me ajudar?
6. **Como eu reagi ao *feedback*?**
   Dedique alguns minutos para rever sua reação a esse *feedback*. Você conseguiu ouvir sem se distrair com emoções? Se você se sentiu irritado, chateado ou angustiado, consegue encontrar a razão para essa resposta emocional? Conseguiu absorver o *feedback* e vai considerá-lo em cenários futuros?

Como encaminhar feedback aos superiores

De forma ideal, gestores darão *feedbacks* regulares àqueles que trabalham para eles — essa modelação de como se comunicar vai encorajar aqueles que trabalham para você a desenvolverem eles mesmos essas competências. Você pode, para esse fim, encorajar o *feedback* para cima. Faça saber que, como gerente/líder, você está aberto a ouvir os pontos de vista e opiniões das pessoas, e a desenvolver uma cultura de *feedback* aberto. As qualidades de diálogo, compreensão e apoio são válidas, do mesmo modo, para líderes e seguidores.

Como você tem sido e como você vai ser

Quando somos desafiados, "somos desafiados a mudar a nós mesmos", como afirma Victor Frankl. A escolha que temos é quanto à nossa atitude; isso está sempre ao nosso alcance. Se você teve dificuldade com algo no passado e respondeu de forma prejudicial ao seu bem-estar e à sua autoestima, agora você tem escolha. Não precisa agir da maneira como agiu antes. As pessoas talvez se habituem ao fato de você ser de determinada forma — acomodado, ou de temperamento instável, ou difícil de agradar, por exemplo. Isso então se torna uma expectativa — mas você pode mudar essas características. Pode fazer uma declaração como: "Eu costumava achar muito difícil ouvir um *feedback* que não fosse 100% positivo. Agora percebo como esse *feedback* pode ser valioso e vou responder de forma diferente no futuro."

1. Qual é sua declaração de mudança?
2. O que você declara sobre como você será?
3. Escreva e date seu depoimento.
4. Coloque um lembrete para revisitá-lo e verificar seu progresso.
5. Como lidaríamos com isso, se fosse vivido por um amigo querido ou um colega estimado?

Reavaliação da resiliência

No início deste livro, você foi convidado a fazer uma autoavaliação da resiliência. Refaça-a agora, após a leitura — sua resiliência se desenvolveu, como resultado de sua maior compreensão e exploração do tema?

Autoavaliação da resiliência

Quando exploramos a resiliência, com frequência existe uma disparidade entre nosso senso de resiliência e a forma como os outros nos veem. Pode ser que nos sintamos mais frágeis do que somos vistos... ou, talvez, por sermos introvertidos, possamos ser julgados como menos resilientes. As situações em que nos encontramos também podem variar muito, como também nossa resiliência nessas circunstâncias.

Pensando em si mesmo no trabalho, como você classificaria seu senso de resiliência? Conceda a si mesmo uma nota de 1 a 10, em que 10 é o mais resiliente. E como os outros o classificariam? Peça a algumas pessoas (sugestões no exercício abaixo) que lhe deem uma nota de 1 a 10. Não há resposta certa ou errada para as perguntas feitas; a intenção do exercício é forçá-lo a fazer uma pausa e se examinar um pouco mais de perto. Numa escala de 1 a 10:

- Como você se classificaria?
- Como seu parceiro o classificaria?
- Como seu colega o classificaria?
- Como seu mentor/*coach* (se você tiver um) o classificaria?
- Como seu gestor direto o classificaria?
- Como seu amigo o classificaria?

Olhe para sua pontuação e pense no que ela pode significar. Há alguma disparidade?

Nota: Ao explorar sua autoavaliação e a maneira pela qual você imagina que os outros o veem, talvez valha a pena considerar o quanto você se sente otimista ou pessimista como pessoa. Considere seu comportamento nos contratempos. Você acha fácil deixar os problemas de lado e depois continuar, ou eles tendem a permanecer com você?

NOTAS FINAIS

1 Orwell, G. *The Road to Wigan Pier*. Londres: Penguin Modern Classics, 1937.

2 Seligman, M. Learned helplessness, *Annual Review of Medicine*, **23**, 1972, pp. 407-12, disponível em: annualreviews.org (arquivado em: https:// perma.cc/GLP8-TCBZ).

3 Seligman, M. *Learned Optimism: How to change your mind and your life*. Londres: Vintage (Random House), 1990.

4 Sandberg, S. e Grant, A. *Option B: Facing adversity, building resilience and finding joy*. Londres: W H Allen (Penguin), 2017.

5 Brown, B. *Dare to Lead: Brave Work. Tough conversations. Whole hearts*. Londres: Penguin, 2018.

6 Day, E. *How to Fail: Everything I've ever learned from things going* wrong. Londres: 4th Estate, 2019.

7 Patterson, C. *The Art of Not Falling Apart*. Londres: Atlantic Books, 2018.

8 Obama, M. *Becoming*. Nova York: Crown Publishing Group (Penguin), 2018.

9 Sandberg, S. e Grant, A. *Option B: Facing adversity, building resilience and finding joy*. Londres: W H Allen (Penguin), 2017.

10 Murray, C. e Hernstein, R. *The Bell Curve: Intelligence and class structure in American life*. Nova York: Free Press, 1994.

11 Gladwell, M. *Outliers: The story of success*. Londres: Allen Lane (Penguin), 2008.

12 Duckworth, A. *Grit: Why passion and resilience are the secrets to success*. Londres: Vermillion (Penguin), 2017.

13 Garmezy, N.; Masten, A.; e Best, K. Resilience and development: Contributions from the study of children who overcome adversity, *Development and Psychopathology*, **2** (4), 1990, pp. 425–444, doi:10.1017/ S0954579400005812; Garmezy, N. Children in poverty: Resilience despite risk, *Psychiatry*, **56** (1), 1993, pp. 127–136, doi:10.1080/00332747.1993.11024627; Garmezy, N. e Cicchetti, D. Prospects and promises in the study of resilience, *Development and Psychopathology*, **5** (4), 1993, pp. 497–502, doi:10.1017/S0954579400006118.

14 Coutu, D. How resilience works, *Harvard Business Review*, **80** (5), maio 2002.

15 Coutu, D. How resilience works, *Harvard Business Review*, **80** (5), maio 2002.

16 Maya Shankar: From Juilliard to the White House, NPR broadcast, disponível em: https://www.npr.org/2018/12/28/680679054/loss-and-renewalmoving-forward--after-a-door-closes (arquivado em: https://perma.cc/LP3T-LMKP)

17 Disponível em: https://www.thefailureinstitute.com (arquivado em: https://perma.cc/87LD-JWXK)

18 Coutu, D. How resilience works, *Harvard Business Review*, **80** (5), maio 2002.

19 Greitens, E. *Resilience: Hard-won wisdom for living a better life*. Boston e Nova York: Mariner Books, 2015.

20 Cyrulnik, B. *The Whispering of Ghosts: Trauma and resilience*. Nova York: Other Press, 2005.

21 Chatterjee, R. *The 4 Pillar Plan: The 4 Pillar Plan: How to relax, eat, move, sleep your way to a longer, healthier life*. Londres: Penguin, 2017; *The Stress Solution: 4 steps to a calmer, happier, healthier you*. Londres: Penguin. Disponível em: https://drchatterjee.com/blog/category/podcast/ (arquivado em: https://perma.cc/3W2K--38Q6)

Bibliografia

Beer, J. e Stief, E. *The Mediator's Handbook*, revisado e expandido, 3ª ed. Canadá: New Society Publishers, 1997.

Bion, W. Attacks on linking, *International Journal of Psychoanalysis*, **40**, 1959, pp. 308-315.

Blasko, D. Only the tip of the iceberg: Who understands what about metaphor?, *Journal of Pragmatics*, **31** (12), 1999, pp. 1675-1683.

Brown, B. *Daring Greatly: How the courage to be vulnerable transforme the way we live, love, parent and lead*. Londres: Penguin, 2015.

Cain, S. *Quiet: The power of introverts in a world that can't stop talking*. Londres: Penguin, 2012.

Chatterjee, R. *The 4 Pillar Plan: How to relax, eat, move, sleep your way to a longer, healthier life*. Londres: Pinguim, 2017.

Cherry, K. (2018) *Sublimation in Behavioral Psychology*, disponível em: www.verywellmind.com/4172222 (arquivado em: https://perma.cc/ J2DA-PMT9)

Cohen, W. *Peter Drucker on Consulting: How to apply Drucker's principles for business success*. Londres: LID Publishing, 2016.

Corrigan, P.; Larson, J. e Ruesch, N. (2009) Self-stigma and the 'why try' effect: impact on life goals and evidence-based practices, *World Psychiatry*, **8** (2), 2009, pp. 75-81.

Coutu, D. How Resilience Works, *Harvard Business Review*, **80** (5), maio 2002.

Covey, S.; Merrill A.; Merrill R. *First Things First*. Nova York: Simon and Schuster, 1995.

Critchlow, H. *The Science of Fate: Why your future is more predictable than you think*. Londres: Hodder & Stoughton, 2019.
Crockett, E. e Neff, L. When receiving help hurts: gender differences in cortisol responses to spousal support, *Social Psychological and Personality Science, 4* (2), 2013, pp. 190-197, doi:10.1177/194855061245451621
Csikszentmihalyi, M. *"Flow": The psychology of happiness*. Londres: Rider, 1992.
Csikszentmihalyi, M. (2003) *Good Business: Leadership flow and the making of meaning*. Londres: Viking Penguin, 2003.
Cyrulnik, B *The Whispering of Ghosts: Trauma and resilience*. Nova York: Other Press, 2005.
Cyrulnik, B. *Resilience: How your inner strength can set you free from the past*. Londres: Penguin, 2011.
Day, E. *How to Fail: Everything I've ever learned from things going wrong*. Londres: Fourth Estate, 2019.
De Dreu, C. The virtue and vice of workplace conflict: food for (pessimistic) thought, *Journal of Organizational Behavior*, **29** (1), 2008, pp. 5-18.
Doidge, N. *The Brain that Changes Itself: Stories of personal triumph from the frontiers of brain science*. Londres: Penguin, 2007.
Draper, D. (2018) *Create Space: How to manage time, and find focus, productivity and success*. Londres: Profile Books, 2018.
Dryden, W. *10 Steps to Positive Living*. Delhi: Orient Paperbacks, 2010.
Duckworth, A. *Grit: Why passion and resilience are the secrets to success*. Londres: Vermillion (Penguin), 2017.
Dweck, C. *Mindset: The new psychology of success*. Nova York: Random House, 2006.
Dweck, C. *Mindset: How you can fulfill your potential*. Londres:
Constable & Robinson, 2012.
Einarsen, S.; Hoel, H.; Zapf, D. e Cooper, C. *Bullying and Emotional Abuse in the Workplace: International perspectives in research and practice*. Boca Raton: CRC Press, 2003.
Fisher, R. e Ury, W. Getting *to Yes: Negotiating an agreement without giving in*. Londres: Random House Business Books, 1981.
Frankl, V. *Man's Search for Meaning*. Londres: Rider, 1959.
Freud, A. *The Ego and the Mechanisms of Defence*. Londres: Karnac, 1937, 1966.
Freud, S. Mourning and melancholia, *Standard Edition* (vol. 14). Londres: Hogarth Press, 1917 e Londres: Penguin Modern Classics.
Garmezy, N. (1993) Children in Poverty: resilience despite risk, *Psychiatry*, **56** (1), 1993, pp. 127-136, doi:10.1080/00332747.1993.11024627
Garmezy, N. e Cicchetti, D. Prospects and promises in the study of resilience, *Development and Psychopathology*, **5** (4), 1993, pp. 497-502, doi:10.1017/S0954579400006118

Garmezy, N.; Masten, A. e Best, K. Resilience and development: contributions from the study of children who overcome adversity, *Development and Psychopathology*, **2** (4), 1990, pp. 425-444, doi:10.1017/ S0954579400005812

Giles, S. *The New Science of Radical Innovation*. Dallas: BenBella Books, 2018.

Gladwell, M. *Outliers: The story of success*. Londres: Allen Lane (Penguin), 2008.

Graham, L. *Bouncing Back: Rewiring your brain for maximum resilience and well-being*. California: New World Library, 2013.

Grant, A. Rethinking the extraverted sales ideal: the ambivert advantage, *Psychological Science*, 2013, doi:10.1177/0956797612463706

Grant, A. *Give and Take: A revolutionary approach to success*. Londres: Penguin, 2013.

Grant, A.; Gino, F.; Hofmann, D. Reverting the extraverted leadership advantage: the role of employee proactivity, *Academy of Management Journal*, **54** (3), 2011, pp. 528-550.

Greitens, E. *Resilience: Hard-won wisdom for living a better life*. Boston e Nova York: Mariner Books, 2015.

Hanson, R. *Resilient: Find your inner strength*. Londres: Penguin, 2018.

Harlow, H. e Zimmerman, R. Affectional responses in the infant monkey, *Science*, **130**, 1959, pp. 421-432.

Harvard Business Review, citando o estudo de Bond e Shapiro, *What Resilience Means, and Why It Matters*, Andrea Ovans, 5 jan. 2015.

Harvard Business Review, citando Emmy Werner, ISPSO, International Society for the Psychoanalytic Study of Organizations, 11 fev. 2016, disponível em: www.ispso.org (arquivado em: https://perma.cc/8K77SSTG)

Kahn, S. *Death and the City: On Loss, mourning, and melancholia at work*. Londres: Karnac, 2017.

Kahneman, D. *Thinking, Fast and Slow*. Londres: Allen Lane (Penguin), 2011.

Kirk, J. e Wall, C. Resilience and loss in work identities: a narrative analysis of some reformed teachers' work-life histories, *British Educational Research Journal, 36* (**10**), 2010, pp. 627-641.

Liefooghe, A. e Mackenzie Davey, K. The language and organization of bullying at work, *Administrative Theory & Praxis*, **32**, 2010, pp. 71-95.

Marsh, H. *Do No Harm: Stories of life, death and brain surgery*. Londres: Weidenfeld & Nicolson, 2014.

Murray, C. e Hernstein, R. *The Bell Curve: Intelligence and class structure in American life* Nova York: Free Press, 1994.

Neff, K. *Self Compassion: Stop beating yourself up and leave insecurity behind*. Nova York: Harper Collins, 2003.

Nietzsche, F. *Twilight of the Idols, on Maxims and Arrows*. Oxford: Oxford World's Classics, Oxford University Press, 1888/1998.

Oade, A. *Free Yourself from Workplace Bullying: Become bully-proof and regain control of your life*. Oxford: Mint Hall Publishing, 2015.

Obama, M. *Becoming*. Nova York: Crown Publishing Group, 2018.
Obholzer, A. e Roberts, V. *The Unconscious at Work: A Tavistock approach to making sense of organizational life*, 2ª ed. Londres: Karnac, 2019.
Orwell, G. *The Road to Wigan Pier*. Londres: Penguin Modern Classics, 1937.
Patterson, C. *The Art of Not Falling Apart*. Londres: Atlantic Books, 2018.
Pemberton, C. *Resilience: A practice guide for coaches*. Oxford: Oxford University Press, 2015.
Quine, C. Discovering purpose: exploring organizational meaning,
Nota de trabalho do Grubb Institute publicada em *The Unconscious at Work* (vol 2). Londres: Karnac, 2006.
Riggio, R.; Chaleff, I.; Lipman-Blumen, J. *The Art of Followership*. Nova Jersey: Wiley, 2008.
Russell, H. *The Year of Living Danishly*. Londres: Icon, 2016.
Russell, H. *The Atlas of Happiness: The global secrets of how to be happy*. Londres: Hodder & Stoughton, 2018.
Sandberg, S. e Grant, A. *Option B: Facing adversity, building resilience and finding joy*. Londres: W H Allen (Penguin), 2017.
Sandler, C. *Executive Coaching: A psychodynamic approach*. Londres:
Open University Press, 2011.
Seligman, M. Learned helplessness, *Annual Review of Medicine*,
23, 1972, pp. 407-412, disponível em: www.annualreviews.org (arquivado em: https://perma.cc/UD4T-8K8K).
Seligman M. *Learned Optimism: How to change your mind and your life*. Londres: Vintage (Random House), 1990.
Seligman, M. *Authentic Happiness: Using the new positive psychology to realize your potential for lasting fulfilment*. Londres: Nicholas Brealey Publishing, 2003.
Seligman, M. *Flourish: Positive psychology and positive interventions*, The Tanner Lectures on Human Values, proferido na Universidade de Michigan em 2010.
Seligman, M.; Peterson, C. e Maier, S. *Learned Helplessness: A theory for the age of personal control*. Oxford: Oxford University Press, 1993.
Maya Shankar: De Juilliard à Casa Branca, NPR broadcast, disponível em: https://www.npr.org/2018/12/28/680679054/loss-and-renewalmoving-forward-after-a-door-closes (arquivado em: https://perma.cc/LP3T-LMKP)
Sinek, S. *Start with Why: How great leaders inspire everyone to take action*. Londres: Penguin, 2009.
Skogstad, A.; Einarsen, S.; Torsheim, T.; Merethe, S. e Hetland, H. The destructiveness of laissez-faire leadership behavior, *Journal of Occupational Health Psychology*, **12** (1), 2007, pp. 80-92.
Sostrin, J. *The Manager's Dilemma: Balancing the inverse equation of increasing demands and shrinking resources*. Londres: Palgrave Macmillan, 2015.

Spector, P. e Bruk-Lee, V. *Conflict, health, and well-being*, 2008, disponível em: https://my.apa.org (arquivado em https://perma.cc/9GLK-4TD4)
Storoni, M. *Stress Proof: The ultimate guide to living a stress-free life*. Londres: Hodder & Stoughton, 2019.
Stylist Magazine. *Life Lessons from Remarkable Women: Tales of triumph, failure & learning to love yourself*, featuring Bobbi Brown. Londres: Penguin Life, 2018.
Tedeschi, R. e Calhoun, L. The post-traumatic growth inventory: measuring the positive legacy of traumatic, *Journal of Traumatic Stress*, **9** (3), 1996, pp. 455-471, doi:10.1007/BF02103658
Van Heugten, K. Resilience as an underexplored outcome of workplace bullying, *Qualitative Health Research*, **23** (3), mar. 2013, pp.
291-301, doi:10.1177/1049732312468251
Wagnild, G. A review of the resilience scale, *Journal of Nursing Measurement*, **17** (2), 2009, pp. 105-113, doi:10.1891/1061-3749.17.2.105
Waitley, D. *The Psychology of Motivation*, Wheeling: Nightingale-Conant, 1997.
Walker, M. *Why We Sleep*. Londres: Penguin, 2017.
Weber, M. *The Protestant Ethic and the 'Spirit' of Capitalism*, trans P Baehr e G C Wells. Londres: Penguin, 2002.
White, S. *The Psychodynamics of Workplace Bullying*. Londres: Karnac, 2013.
Winfrey, O. *The Path Made Clear: Discovering your life's direction and purpose*. Londres: Bluebird, 2019.
Winnicott, D. *Through Pediatrics to Psychoanalysis: The collected papers of D W Winnicott*. Nova York: Basic, 1975.
Worthington, E. e Scherer, M. Forgiveness is an emotionfocused coping strategy that can reduce health risks and promote health resilience: theory, review, and hypotheses, *Psychology and Health*, **19** (3), 2002, pp. 385-405, doi:10.1080/0887044042000196674.
Websites
https://www.acas.org.uk/index.aspx?articleid=1218 (arquivado em: https:// perma.cc/EVK2-D3N3), *Advisory Booklet – Managing conflict at work.*
https://www.thebookoflife.com (arquivado em: https://perma.cc/ET4NXQC9)
https://www.thefailureinstitute.com (arquivado em: https://perma.cc/87LD-JWXK)
National Bullying Helpline:
https://www.nationalbullyinghelpline.co.uk (arquivado em: https://perma.cc/F8EB-622B). Especialistas em disputas de bullying e assédio no local de trabalho que oferecem aos funcionários soluções práticas e suporte. Se você precisa de ajuda e aconselhamento sobre bullying no trabalho, e não encontra as respostas para suas perguntas em nosso site, por favor entre em contato através do número 0845 22 55 787 https://www.theschooloflife.com (arquivado em: https://perma.cc/S6CM-EEMT)
https://www.verywellmind.com/practice-focused-meditation-3144785 (arquivado em: https://perma.cc/2RQN-UGRA), *How to Get Started with a Focused Meditation Practice.*